C.H.BECK ✚ WISSEN
in der Beck'schen Reihe

Als 1328 mit Karl IV. der letzte französische König aus dem Hause der Capetinger stirbt, erlischt diese Dynastie im Mannesstamm. Der nächste Verwandte ist Karls Neffe, König Eduard III. von England, ein Plantagenêt. Den Thron besteigt aber ein entfernterer Verwandter aus dem Hause Valois, der als Philipp VI. französischer König wird. Die Frage der legitimen Thronfolge kann friedlich nicht beigelegt werden und wird – wenn auch nicht allein und für sich genommen – zur Ursache des längsten militärischen Konflikts der europäischen Geschichte. Joachim Ehlers erzählt in dem vorliegenden Buch die Geschichte des Hundertjährigen Krieges, in dem legendäre Schlachten geschlagen werden wie jene bei Azincourt, in dem Johanna von Orleans zuerst zur Nationalheldin und dann zur Märtyrerin wird (1431), um bald zur Nationalheiligen Frankreichs aufzusteigen, und in dem Revolutionen sowie der Ausbruch der Pest die Länder politisch, gesellschaftlich und moralisch destabilisieren und verwüsten. Ursachen, Verlauf und Folgen des Hundertjährigen Krieges werden in einer sehr gut verständlichen und spannenden Darstellung knapp und konzise erklärt.

Joachim Ehlers lehrte bis zu seiner Emeritierung als Professor für Mittelalterliche Geschichte an der Freien Universität Berlin. Die Kulturgeschichte des westeuropäischen Mittelalters bildet einen seiner Arbeitsschwerpunkte. Im Verlag C.H.Beck sind von demselben Autor lieferbar: *Die Ritter* (bsr 2392, ²2009); *Die französischen Könige des Mittelalters* (bsr 1723, 2006, hrsg. gemeinsam mit Heribert Müller und Bernd Schneidmüller).

Joachim Ehlers

DER
HUNDERTJÄHRIGE
KRIEG

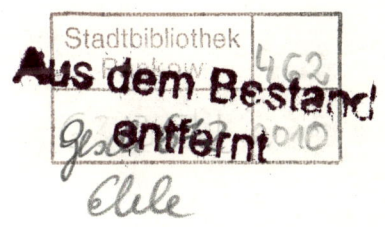

Verlag C. H. Beck

Mit 10 Abbildungen, 4 Karten und 4 Stammtafeln

Originalausgabe
© Verlag C. H. Beck oHG, München 2009
Gesamtherstellung: Druckerei C. H. Beck, Nördlingen
Umschlagabbildung: Belagerung von Reims, 1359.
Buchmalerei von Froissart. akg-images, Berlin
Umschlagentwurf: Uwe Göbel, München
Printed in Germany
ISBN 978 3 406 56275 4

www.beck.de

Inhalt

1. Einleitung — 7
2. Aufbau des Konflikts (1316–1345) — 13
3. Gescheiterter Blitzkrieg (1346–1360) — 22
4. Könige und Heerführer (1361–1380) — 37
5. Herzöge und Regentschaften (1380–1392) — 48
6. Bourguignons und Armagnacs (1392–1420) — 59
7. Die Jungfrau von Orléans (1421–1431) — 77
8. Wege zum Frieden (1431–1453) — 91
9. Der Krieg und seine Folgen — 104

Anhang

Karte — 113
Genealogische Tafeln — 114
Zeittafel — 117
Auswahlbibliographie — 119
Bildnachweis — 122
Personen- und Ortsregister — 123

I. Einleitung

Zu den zentralen Ereignissen des europäischen Spätmittelalters gehört jener große Krieg zwischen der englischen und der französischen Monarchie, der in den dreißiger Jahren des 14. Jahrhunderts ausbrach und in einer Folge raumgreifender Feldzüge samt vielen regional begrenzten militärischen Aktionen bis in die Mitte des 15. Jahrhunderts geführt wurde. Er betraf auch die benachbarten Reiche von Schottland bis Italien und Spanien, in besonderer Weise die deutschen Könige als Träger der Kaiserkrone des Heiligen Römischen Reiches, brachte gewaltige Zerstörungen, Blutopfer und materielle Verluste mit sich, aber auch kräftige Modernisierungsimpulse durch progressive Entfaltung der politischen Theorie, der Verwaltung und der Heeresverfassung.

Dieser ungewöhnlich lange und hartnäckig ausgetragene Konflikt, für den die Bezeichnung «Hundertjähriger Krieg» erst während des 19. Jahrhunderts in Frankreich aufgekommen ist, hatte tief in die Geschichte hinabreichende Wurzeln und war im wesentlichen dynastischer Natur, in der Substanz eine Angelegenheit zweier Königshäuser und der mit ihnen durch wechselnde Allianzen verbundenen Familien des Hochadels. Es handelte sich daher nicht um einen Krieg zwischen Staaten, in dem «Frankreich» und «England» gegeneinander angetreten wären, sondern um die militärische Auseinandersetzung zweier riesiger Lehnsverbände, und deshalb hingen Feindschaften ebenso wie Bündnisse von Heirats- und Verwandtschaftsbeziehungen ab, von persönlichen Loyalitäten, individuellen Ambitionen, von Förderung, Gunst und Huldverlust. Wegen dieser sehr subjektiv-personalen Bestimmung lassen sich die Abläufe nicht mit modernen Kategorien von Staatsräson und nationaler Politik durchschauen und erklären, auch nicht mit den üblichen Konzepten von homogenen Volkswirtschaften oder Institutionen, die unabhängig von den sie tragenden Personen gleichsam objektiv existieren. Wir sollten uns vielmehr fürs erste wie Ethnologen auf ungewohnte Verhaltensweisen fremder Menschen und auf eine Welt einlassen, deren andersartige Struktur wir zunächst beobachten und respektieren müssen, um sie überhaupt verstehen zu können.

Eine frühe Voraussetzung für den späteren Konflikt ergab sich, als Herzog Wilhelm von der Normandie im Jahre 1066 mit einer Invasionsflotte an der südenglischen Küste landete, in der Schlacht bei Hastings das angelsächsische Heer besiegte und noch im selben Jahr König von England wurde. Gleichwohl blieb er Herzog der Normandie und als solcher Vasall des französischen Königs, doch fortan beherrschten englische Könige mit ihrem adligen Gefolge einen Teil Frankreichs.

Fast hundert Jahre später, 1152, nahm ein anderer Herzog der Normandie, Heinrich von Anjou, Eleonore zur Frau, die soeben vom französischen König Ludwig VII. geschiedene Erbin des Herzogtums Aquitanien. Heinrich war der Sohn des Grafen Gottfried «Plantagenêt» von Anjou und Mathildes, der Tochter König Heinrichs I. von England. Nach dessen Tod im Jahre 1135 war Mathildes Recht auf die Nachfolge in England nicht anerkannt worden, so daß ihr Sohn und Erbe seinen eigenen Thronanspruch erst nach langen Kämpfen im Jahre 1154 durchsetzen konnte. Als Heinrich II. wurde er zum König von England gekrönt, blieb außerdem Graf von Anjou, Herzog der Normandie und durch seine Gemahlin Eleonore auch Herzog von Aquitanien. Zwar huldigte er für diesen Festlandsbesitz dem französischen König, aber faktisch regierte er außer England auch den größten Teil Frankreichs.

Dieses Großreich der Anjou-Plantagenêt bestand zwar nur bis 1204, als der französische König Philipp II. die Normandie und das Poitou eroberte, aber im Südwesten Frankreichs hielt der englische König Heinrich III. auch später noch große Ländereien zwischen Charente und den Pyrenäen, deren Besitz ihm Ludwig IX. von Frankreich 1259 im Vertrag von Paris bestätigte, indem er sie ihm als «Herzogtum Guyenne» mit der Hauptstadt Bordeaux zu Lehen gab. Dafür verzichtete Hein-

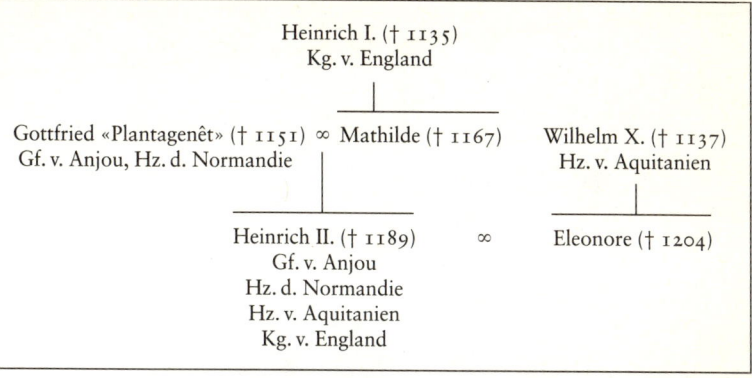

Die Anfänge des Hauses Anjou-Plantagenêt

rich III. auf Anjou, Maine und die Touraine, gab seinen Titel als Herzog der Normandie ebenso auf wie den des Grafen von Anjou. Was als dauerhaftes Friedensabkommen gedacht war, führte jedoch im Laufe der Zeit immer deutlicher erkennbar zu unvereinbar gegensätzlichen Positionen, denn die englischen Könige wollten ihr französisches Lehnsgut wie Eigentum behandeln und behalten, während die Könige von Frankreich ihren mächtigen Vasallen gänzlich vom Kontinent zu vertreiben suchten.

Als die Spannungen sich im ersten Drittel des 14. Jahrhunderts bis zur Entladung gesteigert hatten, befanden sich Frankreich und England wirtschaftlich und technisch im großen und ganzen auf dem gleichen Niveau, stimmten in ihrer Gesellschaftsordnung, ihrer Kultur und dem Wertesystem überein.

In Frankreich lebten damals ungefähr 16 Millionen Menschen, und seine Hauptstadt übertraf mit 200 000 Einwohnern selbst die größten italienischen Städte. Als bedeutendstes Zentrum der Wissenschaft in Europa wirkte die Universität Paris meinungsbildend, auf theologisch-philosophischem Gebiet auch meinungsführend, und war intellektuelle Autorität von großem politischen Gewicht. Von Frankreich ausgehend verbreitete sich die Architektur der gotischen Kathedralen über die westliche

Das Reich Heinrichs II. (1152/54–1189)

Christenheit; seit 1309 residierten die Päpste in Avignon mit einem mehrheitlich aus Franzosen bestehenden Kardinalskollegium; französische Herrscherhäuser regierten die Provence, Neapel-Sizilien, Navarra, Zypern. Gleichzeitig aber waren seit der Wende zum 14. Jahrhundert die Spannungen zwischen dem König und den Eliten in Adel, Klerus, Bürgertum Frankreichs gewachsen und sollten sich durch den Krieg noch steigern.

England (also die Insel ohne Schottland und Wales) hatte etwa 5 Millionen Einwohner, von denen die meisten zu großen Grundherrschaften gehörten, die eine gut organisierte Landwirtschaft betrieben, vor allem Getreideanbau und Schafzucht zur Wollproduktion. Die einzig nennenswerte große Stadt, bewohnt von ungefähr 40 000 Menschen, war London, dessen Handel aber von Italienern, deutschen Hansekaufleuten und Kaufleuten aus Flandern beherrscht wurde. Seit dem 12. Jahrhundert hatte die zunehmend zentralisierte Königsherrschaft eine für die Bedingungen der Zeit hervorragende Verwaltung aufgebaut, doch seit Beginn des 14. Jahrhunderts wuchs der Einfluß des Parlaments, das auf Ladung des Königs zusammentrat und sich in zwei getrennten Häusern versammelte: geistliche und weltliche Herren im House of Lords, gewählte Vertreter der Grafschaften im House of Commons. Das Parlament wurde üblicherweise und besonders im Kriegsfall zur Bewilligung zusätzlicher Abgaben zusammengerufen; es konnte entweder starke Stütze oder mächtiger Gegner der Krone sein, in die Verwaltung und das Gerichtswesen eingreifen, Einfluß auf politische Entscheidungen suchen.

Bei Steuerforderungen blieb auch die französische Monarchie auf den Konsens der Betroffenen angewiesen, obwohl sie seit dem Anfang des 13. Jahrhunderts stärker geworden war und während der langen Regierungszeit Philipps IV. (1285-1314) einen deutlichen Schub hin zu theoretischer und administrativer Konsolidierung erfahren hatte. Nicht immer konnte der König von Frankreich die für Armeen nötigen Mittel aufbringen, aber gerade das wäre nötig gewesen, weil sich sein zunehmend strenges Regiment auf ein konsequent gehandhabtes Lehnrecht stützte, also Herrschaft über Vasallen war und insofern auch den englischen König natürlich nicht aussparen konnte. Dessen Besitzungen auf dem Kontinent wurden wie alle anderen Gebiete nach lehnrechtlichen Kriterien behandelt, und folgerichtig definierten die Juristen und Berater des Königs von Frankreich jeden politischen Konflikt als feudale Auseinandersetzung zwischen dem französischen Lehnsherrn und seinem widerborstigen englischen Vasallen. Mangelndes Wohlverhalten oder mißliebiges Handeln konnten sie jederzeit als Rechtsverletzung kriminalisieren und entsprechende Strafen empfehlen. Der Einsatz militärischer Macht gegen Amtsträger des englischen Königs oder auch gegen diesen selbst mußte demnach nicht als Krieg, sondern durfte als legitimes Mittel zur Wiederherstellung gekränkten Rechts dargestellt werden.

2. Aufbau des Konflikts
(1316–1345)

Unter den gegebenen Voraussetzungen konnte der englische König nur dann dauerhafte Sicherheit für seinen Kontinentalbesitz erlangen, wenn er den Vasallenstatus abwarf und selbst König von Frankreich wurde.

Die Gelegenheit dafür begann sich im Jahre 1316 abzuzeichnen, als Ludwig X. nach ungewöhnlich kurzer Regierungszeit ohne männlichen Erben starb und damit eine dynastische Krise auslöste, die zum Existenzkampf der französischen Monarchie werden sollte. Weil die Königinwitwe schwanger war, bestand noch Hoffnung auf einen Thronfolger, und bis das entschieden war, sollte Ludwigs jüngerer Bruder Philipp die Regentschaft führen. Als die Königin mit einem Sohn niederkam, schien alles in die hergebrachten Bahnen zu weisen, aber das Kind starb nach wenigen Tagen, und nun gab der Regent die Macht nicht mehr aus den Händen. Eine Versammlung von geistlichen und weltlichen Würdenträgern, von Bürgern und Pariser Universitätsjuristen billigte den Staatsstreich und befand für Recht, daß Ludwigs Tochter Johanna nicht Königin werden dürfe, weil in Frankreich Frauen von der Thronfolge ausgeschlossen seien. Anfang des Jahres 1317 ließ sich Philipp als fünfter König seines Namens in Reims krönen. Dieser rein politischen Entscheidung fehlte zwar die behauptete Rechtsgrundlage, aber sie lieferte ein Argument, das sich bald als nützlich erweisen sollte. Philipp V. starb schon 1322, ebenfalls ohne männlichen Erben, und wieder nahm ein Bruder des Verstorbenen die Krone: Karl IV., letzter Sohn Philipps des Schönen.

Als auch er sechs Jahre später ohne Erben starb, mußte das Problem der Nachfolge durch eine Entscheidung zwischen mehreren Personen gelöst werden, denn nun kamen zwei Enkel

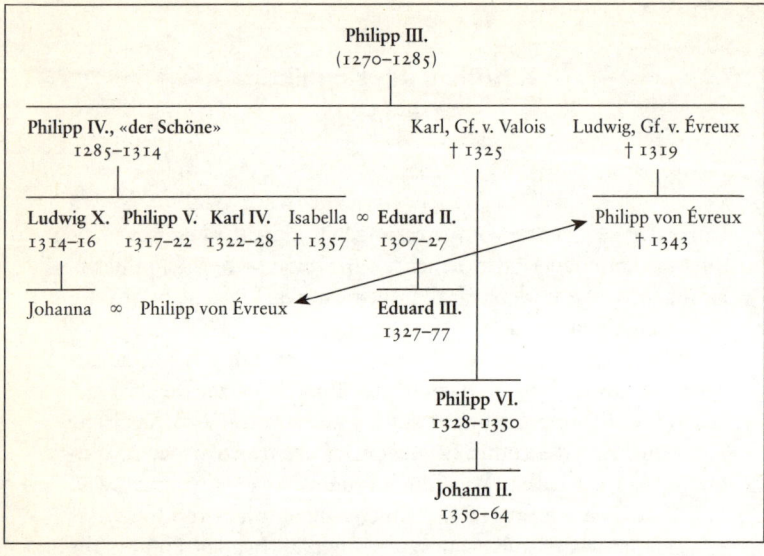

Das Ende der Capetinger und der Anfang des Hauses Valois

Philipps III. in Frage – Vettern der letzten drei Könige, und zwar Philipp von Évreux, der außerdem Schwiegersohn Ludwigs X. war, und Philipp von Valois. Philipp von Évreux verfolgte seinen Anspruch ohne rechte Ambition, zumal der Valois von vornherein die besseren Chancen hatte: Dessen Vater Karl war als Bruder Philipps des Schönen politisch sehr einflußreich gewesen, während er selbst in fünfunddreißig Lebensjahren schon reichlich Erfahrung gesammelt hatte, den französischen Eliten wohlbekannt und sofort regierungsfähig war. Noch vor seiner Krönung als Philipp VI. am 29. Mai 1328 erschien jedoch eine englische Gesandtschaft und forderte den französischen Thron für ihren König Eduard III., der durch seine Mutter Isabella ein Enkel Philipps des Schönen war. Niemals, soll Isabella gesagt haben, werde Eduard als Sohn eines Königs dem Sohn eines Grafen huldigen. Immerhin war Eduard, allerdings in weiblicher Linie, ein gradnäherer Verwandter des jüngst verstorbenen Königs von Frankreich als Philipp von Valois.

Die Rechtsauffassung des englischen Hofes war durchaus plausibel begründet. Europäische Dynastien erweiterten ihre Herrschaftsgebiete oft und legitim durch Heirat von Erbtöchtern; das capetingische Königshaus und seine Angehörigen hatten von diesem Brauch selbst mehrmals profitiert, gleichwohl lehnten die französischen Juristen das Ansinnen ab und erklärten, daß Isabella von ihrem Vater niemals ein Nachfolgerecht erhalten habe und demzufolge gar nicht besäße, was sie ihrem Sohn weitergeben wolle.

Zunächst schien es so, als würde Eduard III. das akzeptieren, denn 1329 huldigte er unter dem Druck seines kriegs- und ausgabenscheuen Parlaments Philipp VI. in Amiens für die Guyenne und erkannte ihn damit als König von Frankreich an. Dieser Eindruck täuschte jedoch. Von seinen beiden großen politischen Zielen – Behauptung des Kontinentalbesitzes und Durchsetzung des Anspruchs auf die Krone Frankreichs – hatte der englische König das erste erreicht, ohne das zweite aufzugeben, denn mit der Huldigung war ihm das Herzogtum Guyenne als Lehen bestätigt worden, die Frage der Anerkennung Philipps VI. aber mußte sich wegen erheblicher Legitimitätsprobleme des Hauses Valois bald neu stellen: In Frankreich sollten ja nicht nur die Frauen von der persönlichen Nachfolge ausgeschlossen werden, sondern auch alle männlichen Nachkommen der weiblichen Linie, weil andernfalls die Söhne der Töchter Ludwigs X., Philipps V. und Karls IV. eine Anwartschaft gehabt hätten. Hieraus ergaben sich Konflikte, die der englische Hof weidlich genutzt hat. Bald sollte Karl von Navarra, Sohn Johannas und Philipps von Évreux, gegen das Haus Valois in den Krieg eingreifen.

Vergleicht der moderne Betrachter die Ressourcen beider Könige, so erscheint ihm die von Eduard III. ausgehende Gefahr vielleicht wenig bedrohlich. Frankreich war unverhältnismäßig viel reicher an Menschen und Gütern – man darf indes nicht übersehen, daß Wirtschaftskraft im Spätmittelalter eher als potentielle Energie wirkte, die erst erschlossen und durch ein effektives Abgabensystem organisiert werden mußte, bevor man sie einsetzen konnte. Außerdem hatte Frankreich den Höhe-

Eduard III. huldigt Philipp VI. (1329)
Handschrift des 14. Jahrhunderts, Bibliothèque Nationale de France, Paris

punkt landwirtschaftlicher Produktion schon in der Mitte des 13. Jahrhunderts erreicht, und der immer noch wachsenden Bevölkerungszahl entsprach keine Vergrößerung der Nutzfläche mehr, weil es kaum noch kultivierbares Land gab. Periodisch auftretende Hungersnöte quälten und beunruhigten die Menschen; während die Arbeitslöhne stiegen, fielen die Grundrenten – Haupteinnahmequelle des landbesitzenden Adels. Adliges Leben war jedoch teuer und verlangte nicht nur die Führung eines großen Hauses bis hin zum Hofstaat, Ausgaben für geistliche Stiftungen, für Kleidung und Schmuck: Der ritterliche Kämpfer mußte sich auch auf eigene Kosten ausrüsten, brauchte je nach seinem gesellschaftlichen Rang bis zu sechs speziell für den Einsatz im Gefecht abgerichtete Pferde, dazu natürlich Lanze, Schwert, Helm und Rüstung, die mit fortschreitendem Raffinement des Plattnerhandwerks immer kostspieliger wurden; er war auf Knappen und Hilfskräfte angewiesen, mußte abkömmlich sein für den Dienst am Hof großer Herren, für Krieg und Turnier, nicht zuletzt aber freie Zeit zum Üben der Kampftechniken haben. Als die große Agrarkrise des 14. Jahrhunderts begann, sanken viele adlige Familien in die bäuerliche Schicht ab. Ein großer Teil der Kämpfer im Hundertjährigen Krieg kam aus diesem Adelspauperismus.

Eine besonders kritische Region war Flandern, neben dem Artois wichtigstes europäisches Zentrum der Textilindustrie und gezeichnet durch große soziale Spannungen zwischen oligarchischem Patriziat einerseits, armen Webern und aufstrebenden, nicht an den Stadtregierungen beteiligten Kaufleuten andererseits. Hier setzte Eduard III. an, denn er wollte Flandern als Operationsbasis einer Invasionsarmee nutzen. Weil er den Grafen von Flandern nicht für ein Bündnis gewinnen konnte, übte er wirtschaftlichen Druck auf dessen Städte aus, indem er die englischen Wollexporte einstellte und damit die Weber arbeitslos machte. Gent, Brügge und Ypern vertrieben daraufhin den Grafen und verbündeten sich mit dem englischen König, der nun auf Brabant rechnen konnte.

Als Antwort auf diese Drohgebärde zog Philipp VI. im Mai 1337 die Guyenne als Lehen ein, im Gegenzug erneuerte Eduard III. im Oktober seinen Anspruch auf die französische Krone, landete im Frühsommer 1339 mit seiner Armee auf dem Kontinent und rückte von Brabant aus nach Süden vor. Philipp VI. wagte keine Abwehrschlacht, sondern hoffte auf finanzielle Erschöpfung des Gegners, der sich jedoch im Januar 1340 in Gent als König von Frankreich anerkennen lassen konnte und die französische Lilie in sein Reichswappen neben die drei Leoparden stellte. Am 24. Juni 1340 schlug er bei Sluys vor Brügge die französische Flotte so vernichtend, daß Philipp VI. den Kanal künftig nicht mehr kontrollieren konnte. Ungehindert brachte Eduard III. weitere Truppen auf den Kontinent und hatte schließlich etwa 30000 Mann in Flandern stehen. Weil beide Könige die hohen Kosten eines Krieges jedoch vorerst vermeiden wollten, schlossen sie am 25. September 1340 in Esplechin nahe Tournai einen Waffenstillstand, der bis zum 24. Juni 1342 befristet war.

Wäre der Krieg damals noch zu verhindern gewesen? Trotz aller Studien über Frieden und Konflikt werden sich Fragen solcher Art niemals präzis und wissenschaftlich haltbar beantworten lassen; der hier zugrundeliegende Streit um die französischen Thronrechte war jedenfalls aus einem Widerspruch erwachsen, der weder dynastisch noch lehnrechtlich aufzulösen war und auf dieser Ebene nicht beigelegt werden konnte. Erst im Rückblick, aus der Erfahrung nationaler Staatengeschichten Europas, erscheint die englische Forderung unnatürlich und deshalb als von vornherein vergeblich. Für die Zeitgenossen beiderseits des Kanals galt aber eine durchaus andere Perspektive. Erbfolge, Lehnrecht und ein sehr persönlich bestimmtes politisches Interesse bildeten als leitende Faktoren die Kriterien, Theorien und Motive für Entscheidungen, deren spezifische Bedingtheit man kennen muß, um den Ablauf der folgenden Ereignisse zu verstehen.

Ein Vorspiel zum großen Krieg sollte dessen Struktur schon sehr deutlich erkennen lassen. Im Jahre 1341 starb Herzog Johann III. von der Bretagne, ein alter Freund und Alliierter des französischen Königshauses, der zuletzt auf Philipps VI. Seite in Flandern gekämpft hatte. Da er keinen Erben hinterließ, erho-

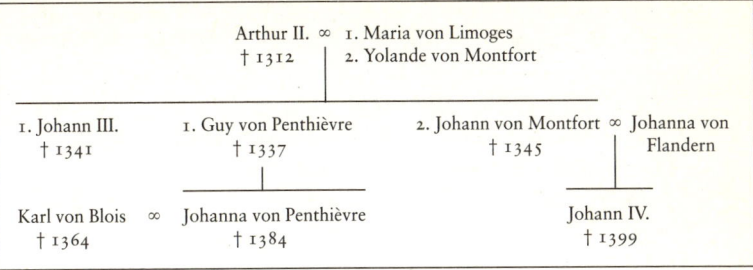

Die Erbfolge der Herzöge von der Bretagne

ben sein Halbbruder Johann, Graf von Montfort, und seine Nichte Johanna von Penthièvre Anspruch auf die Nachfolge im Herzogtum.

Johanna war mit Karl von Blois verheiratet, einem Neffen des französischen Königs, Johann von Montfort mit der sehr couragierten Johanna von Flandern, die nach den Worten des französischen Chronisten Froissart einen männlichen Geist und ein Löwenherz besaß. Sie wartete nicht auf einen Schiedsspruch, sondern besetzte Nantes und versicherte sich der Unterstützung Eduards III. Johann von Montfort erklärte sich daraufhin zum Herzog der Bretagne und erkannte Eduard III. als König von Frankreich an, während Philipp VI. die Huldigung Karls von Blois für die Bretagne entgegennehmen konnte. Eigentlich hätte er das nicht tun dürfen, weil sein eigenes Königtum auf dem soeben neuerfundenen Prinzip des Ausschlusses der Frau vom politischen Erbe beruhte, aber das Interesse des Hauses Valois gebot Solidarität mit Karl von Blois. Das Land selbst war gespalten, denn die keltische *Bretagne bretonnante* mit den Diözesen Tréguier, Léon, Quimper und Vannes unterstützte Johann von Montfort, ebenso die meisten Städte; Klerus und Adel in den Diözesen Rennes, Nantes, Dol, St-Malo und St-Brieuc, also die französischsprachige *Bretagne française,* hielten zu Karl von Blois. Damit begann ein Krieg, der dreiundzwanzig Jahre dauerte, Vorspiel und regionaler Nebenschauplatz des Hundertjährigen Krieges.

Am 7. September 1341 sprach das Pariser Parlement, der oberste Gerichtshof des Königreichs, die Bretagne Karl von Blois zu und beauftragte den ältesten Sohn Philipps VI., Herzog Johann von der Normandie, mit der Exekution des Beschlusses. Dem Prinzen gelang es, mit einer starken, durch italienische Söldner verstärkten Armee, Nantes zu erobern und Johann von Montfort gefangenzunehmen. Damit hielt der französische Hof die Sache für entschieden und räumte voreilig ein Feld, das in den folgenden zwei Jahrzehnten immer wieder Kräfte binden sollte, denn Johanna von Flandern setzte den Kampf mit englischer Hilfe fort. Auch der Tod Johanns von Montfort im September 1345 sollte daran nichts ändern, denn Eduard III. erklärte sich öffentlich zum Anwalt und Protektor von dessen Nachkommen. Weil die Montfort-Partei mit den Hafenstädten Brest, Vannes und Hennebont sowie mehreren starken Burgen des Landes wichtige Plätze behaupten konnte, verfügte der englische König seither über einen weiteren, durch eigene Garnisonen gesicherten Stützpunkt auf dem Kontinent. Angesichts starker Rüstungen Philipps VI. gegen die Bretagne reagierte Eduard III. allerdings vorsichtig und bot Verhandlungen an, die unter Vermittlung päpstlicher Legaten geführt wurden. Am 19. Januar 1343 einigte man sich im Vertrag von Malestroit auf einen Waffenstillstand bis zum Herbst 1346 und beließ es in der Bretagne beim gegenwärtigen Besitzstand: Der größte Teil des Landes im Süden und Westen blieb unter der Kontrolle Eduards III., verwaltet von englischen und bretonischen Adligen, an der Küste durch Schiffe, im Land durch Burgbesatzungen gesichert, mit einem besonderen Militärkommandanten in Brest, das sich unter englischer Verwaltung vom unbedeutenden Fischerdorf zur gut bevölkerten Festungsstadt entwickelte. Diese Statthalter Eduards III., im allgemeinen von geringer Herkunft, langfristig und meist zuverlässig gegen Bezahlung und Kriegsgewinn dienend, verkörperten den neuen Kämpfer- und Soldatentypus, wie ihn der kommende Krieg immer häufiger fordern und entsprechend hervorbringen sollte. Die Herren der ritterlichen Lehnsaufgebote bekamen Konkurrenz.

Hatte der Vertrag von Malestroit Eduard III. beachtliche Vorteile gebracht, so lag die Schwäche der englischen Position in ihrer Abhängigkeit vom Zustand der verbündeten Regionen. Eduard III. mußte auf Vorgänge reagieren, die er kaum beeinflussen konnte, die der Linie seiner Politik ihre klare Bestimmung nahmen und im Rückblick den Anschein des Verzettelns oder der Untätigkeit erwecken. Mühsam hergestellte politische Gleichgewichte konnten sich binnen kurzem verschieben und damit grundlegend neue Lagen schaffen. Das war in Flandern der Fall, wo die Vormacht Gent zunehmend eigenen Interessen und Gesetzen folgte, so daß die anderen Städte ihre Autonomie beeinträchtigt sahen. Der Graf von Flandern schürte die wachsende Unzufriedenheit und fand vor allem in den kleineren Städten des Landes Gehör. Im Sommer 1345 fiel auch Gent, die stärkste politische Stütze Eduards III., nach einem Handwerkeraufstand von ihm ab.

3. Gescheiterter Blitzkrieg
(1346–1360)

Angesichts der zunehmend kritischer werdenden Lage in Flandern und von den Erfolgen in der Bretagne ermutigt entschied sich Eduard III. im Frühjahr 1346 für den Versuch, den Krieg durch eine siegreiche Entscheidungsschlacht zu beenden, die mit dem schnellen Feldzug einer großen Armee erzwungen werden sollte. Der König war selbst ein ausgewiesener Truppenführer, genoß in England große Autorität und hatte bei der Auswahl seines Stabes politischer und militärischer Helfer viel Menschenkenntnis gezeigt. Im Februar hielt er in Westminster einen Hoftag, auf dem die vornehmsten geistlichen und weltlichen Würdenträger des Landes über das bevorstehende Unternehmen berieten.

Die Kampagne sollte nur mit englischen Kräften geführt werden, weil auf Verbündete nach aller bisherigen Erfahrung kein Verlaß war. Dafür mußten freilich so viele Truppen ausgehoben werden wie bisher noch niemals für einen Feldzug auf dem Kontinent. Neben dem Lehnsaufgebot der schweren ritterlichen Reiterei unterhielt Eduard III. eine Armee auf Zeit, die durch schriftliche Verträge mit Truppenführern über Dauer des Dienstes, Höhe des Soldes für angeworbene Leute, Verfahren bei der Teilung von Beute und Lösegeld zusammengebracht worden war, bezahlt aus Steuern und Erträgen des Krongutes. Außerdem brauchte man im Jahre 1346 Schiffsraum, mit dem 7000 bis 10 000 Mann gleichzeitig transportiert werden konnten; ein ganz England erfassendes und am Ende perfekt funktionierendes logistisches System diente dem Sammeln von Lebensmitteln, Waffen und Gerät als Nachschub für mehrere Wochen. Abgaben der englischen Kirche und Kredite sowohl von italienischen Banken als auch von Londoner Kaufmannskonsortien sollten die Kosten decken. Das hohe Risiko solcher Spekulationen auf

Kriegsgewinn zeigt der Zusammenbruch der Florentiner Bardi-Bank, die von Eduard III. keine ausreichenden Sicherheiten erhalten hatte und noch im Laufe des Jahres 1346 zahlungsunfähig wurde.

Lange blieb unklar, wo die Invasionsarmee an Land gehen sollte, für die in der Bucht von Portsmouth 750 requirierte Handelsschiffe bereitlagen. Die zerklüftete Felsenküste der Bretagne war ungeeignet, so daß im April und Mai die Guyenne als Angriffsziel erwogen wurde. Dort erwartete auch der Hof Philipps VI. die Landung und hatte seine Truppen entsprechend gruppiert, doch gegen Ende Juni entschied der englische König, auf dem kürzesten Seeweg von Portsmouth die Ostspitze der Halbinsel Cotentin anzusteuern. Gottfried von Harcourt, ein normannischer Adliger, hatte Eduard III. seine Dienste als ortskundiger Führer angeboten, auf die ganz unzureichende Verteidigungsbereitschaft des Landes hingewiesen und von einer Adelsopposition gesprochen, die mit den Invasoren zusammenarbeiten werde.

Am 11. Juli 1346 verließ die Flotte ihren Hafen, und um die Mittagszeit des nächsten Tages ging Eduard III. bei St-Vaast-la-Hougue an Land, wo sich kaum Gegenwehr regte. Noch auf dem Strand schlug der König mehrere junge Leute zu Rittern, darunter seinen sechzehnjährigen Sohn Eduard, den man später wegen der Farbe seiner Rüstung «Schwarzer Prinz» nennen sollte. Nach fünf Tagen waren alle Männer und Pferde, die Waffen und der gesamte Nachschub von den Schiffen gebracht. Die Hälfte dieser Armee bestand aus walisischen Langbogenschützen, Pionieren und Maurern für den Belagerungskrieg, Schmieden, Schreinern, Zeltmachern, Verwaltungskräften und anderem Dienstpersonal.

In Eilmärschen rückten die Engländer über Valognes, Carentan, Saint-Lô, Caen, Lisieux und Louviers auf die Seine vor, die am 16. August bei Poissy nordwestlich von Paris erreicht und überschritten wurde. Bisher hatte es wenig Widerstand gegeben, und selbst jetzt, als der Feind vor der Hauptstadt stand, wagte der immer vorsichtig agierende Philipp VI. keinen Angriff. Erst auf Drängen seiner Umgebung setzte er mit etwa 12 000 schwe-

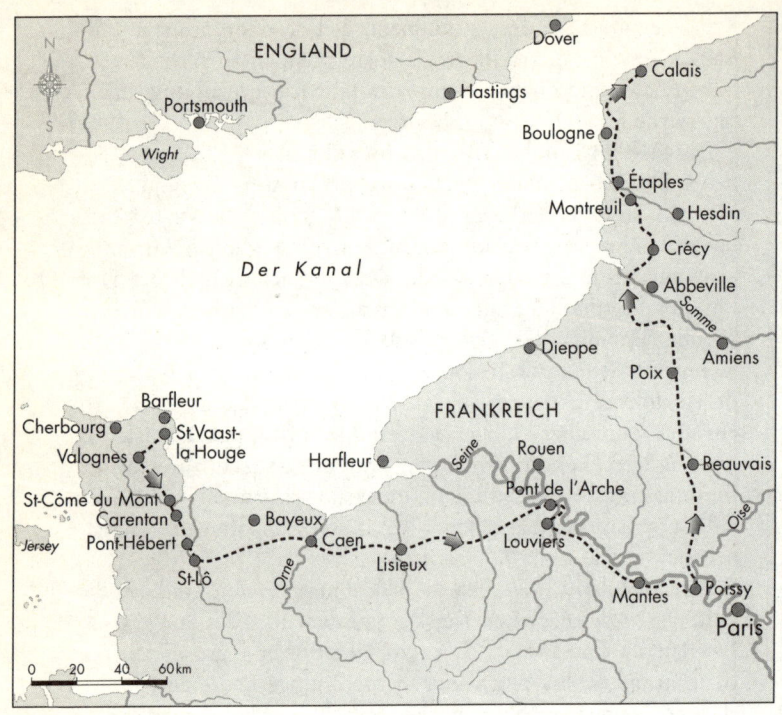

Der Feldzug Eduards III. 1346

ren Reitern, 6000 Genueser Söldnern und einem großen, aber nicht näher bezifferbaren Kontingent von Fußtruppen der inzwischen gen Norden abgeschwenkten englischen Armee nach. Als Eduard III. seine Leute über die Somme geführt hatte und feststellte, daß er die Verfolger nicht würde abschütteln können, wählte er 17 km nördlich von Abbeville einen günstigen, leicht erhöhten Platz am Wald von Crécy-en-Ponthieu, ließ die schwere Reiterei von den Pferden steigen, stellte die Langbogenschützen an den Flügeln auf und erwartete den Gegner. In der Mitte der vordersten Linie stand der Thronfolger Eduard zwischen den Grafen von Warwick und von Northampton, flankiert durch die Spitzen der englischen Aristokratie.

Am späten Nachmittag des 26. August erreichten die französischen Ritter den Platz und griffen bei einsetzendem Regen aus der Anmarschbewegung heraus wenig geordnet die englische Stellung an, wobei sie ihre Hilfstruppe aus italienischen Armbrustschützen rücksichtslos überritten. Sogleich gerieten sie in die Reichweite der englischen Langbogen, die den Angriff zum Stehen brachten und auch alle folgenden Wellen so erfolgreich abwiesen, daß die Niederlage Philipps VI. durch hohe Verluste seiner Armee noch vergrößert wurde. 1542 gefallene französische Ritter nannten die Herolde, die am folgenden Tag die Toten anhand ihrer Wappen identifizierten, darunter den Bruder des Königs, Graf Karl von Alençon, den Herzog von Lothringen und den Grafen von Flandern. Noch viele andere aber, die auf der Flucht getötet worden waren, lagen in den Feldern um den eigentlichen Schlachtort, und wer keine Wappen führte, blieb ohnehin ungezählt.

Hauptursache der französischen Niederlage war die notorische Unterlegenheit schwerer Reiterei beim Angriff auf Fußkämpfer in vorbereiteten Stellungen. Wenn Philipp VI. dennoch attackieren ließ, geschah das wider besseres Wissen unter dem Druck einer französischen Öffentlichkeit, die nun endlich Taten sehen wollte, nachdem ihr König samt seiner stolzen Ritterschaft nun schon sechs Wochen lang von den Engländern vorgeführt und bloßgestellt worden war. Ein weiterer Grund für den Sieg Eduards III. war die Überlegenheit der Langbogen; während der Armbrustschütze einen Bolzen verschoß und sein Gerät dann umständlich wieder bereitmachen mußte, schickte der Bogner mindestens drei Pfeile mit hoher Durchschlagskraft und großer Treffsicherheit auf den Gegner.

Sein strategisches Ziel sollte der englische König allerdings auch in den folgenden Monaten nicht erreichen. Die Schlacht bei Crécy war zwar eine schwere militärische, politische und psychologische Niederlage der französischen Monarchie und ihrer adligen Elite, aber Eduard III. konnte seinen Sieg nicht nutzen, denn ihm fehlten Truppen zur Besetzung der Städte und festen Plätze; das Land des gedemütigten Feindes wurde zwar durchquert, blieb aber nicht unter Kontrolle, und selbst kollaborationswillige Einheimische waren vor der plündernden und brennenden Armee nicht sicher. Deshalb entschied sich Eduard mit seinen Beratern am 2. September, den Marsch in Richtung Calais zu lenken, auf den denkbar besten kontinentalen Brückenkopf. Am 4. September stand die Armee vor der Stadt und begann eine Belagerung, die sich zur Erbitterung des Königs bis in den August des folgenden Jahres hinziehen sollte, den Ruhm von Crécy allmählich zu verdunkeln drohte und erst zum Erfolg führte, als ein Entsatzheer Philipps VI. Ende Juli 1347 kleinmütig ohne Schwertstreich wieder abzog. Nun bot der Stadtrat Übergabeverhandlungen an, auf die Eduard jedoch nicht einging und stattdessen die bedingungslose Kapitulation forderte. Auguste Rodin hat mit seinem zwischen 1885 und 1895 geschaffenen Denkmal die schon seit dem 15. Jahrhundert in illuminierten Handschriften und auf Gemälden oftmals dargestellte Schlüsselübergabe durch die sechs vornehmsten «Bürger von Calais» vollends in die nationale Mythologie Frankreichs eingehen lassen. Die gesamte Einwohnerschaft wurde vertrieben und durch englische Handwerker und Kaufleute ersetzt, denn die Stadt sollte nicht nur militärischer Stützpunkt sein, sondern auch Handelsstation für den Wollexport werden. Bis 1558 ist Calais englisch geblieben, kirchenrechtlich dem Erzbistum Canterbury zugeschlagen.

Erschöpfung der Truppe durch den Feldzug und mit der Zeit lauter werdende Forderungen nach Präsenz des Königs in England ließen Eduard schließlich auf Vermittlungsversuche päpstlicher Legaten eingehen, denen am 28. September 1347 der Abschluß eines Waffenstillstands gelang. Das Abkommen garantierte Eduard III. seinen gegenwärtigen Besitzstand und ließ ihn damit zur französischen Binnenmacht aufsteigen. Falls er den Krieg wieder aufnehmen wollte, so waren die Bedingungen dafür durch den Besitz von Calais weitaus günstiger geworden, als sie es vor dem Sommer 1346 gewesen waren.

Der englische König hatte zwar den Krieg nicht gewonnen, aber für Frankreich bedeutete die Niederlage des letzten Jahres einen erheblichen Rückschlag, denn der Waffenstillstand wurde auf der vereinbarten Grundlage mehrmals verlängert und dau-

Eduard III., König von England (1327–1377)
Grabmal in Westminster Abbey, London (1377/80)

erte bis Juni 1355. Eine schwere Krise von Wirtschaft und Gesellschaft kam hinzu, die allerdings ganz Europa betraf und deshalb auf den Kriegsverlauf nur insoweit Auswirkungen hatte, als die folgenden Operationen in Zeiten eines starken Bevölkerungsrückgangs stattfanden. Ende 1347 nämlich kam die Pest aus Italien ins Rhônetal und breitete sich im Laufe des folgenden Jahres aus. Die mit den medizinischen Kenntnissen der Zeit nicht therapierbare Krankheit forderte Todesopfer in großer Zahl und führte zum zeitweiligen Zusammenbruch der Gesellschaftsordnung, denn in den südfranzösischen Städten starben gleich nach Ausbruch der Seuche 40 bis 60% der Einwohner, in England wohl 20% der gesamten Bevölkerung. Diese Verluste sind durch Zuzug vom Lande und durch natürliches Wachstum relativ rasch ausgeglichen worden, aber die Pest kam zwischen 1357 und 1362, 1368 und 1370, 1373 und 1375, 1380 und 1400 in sechzehn großen und acht kleineren Schüben immer wieder zurück.

Integration der Gesellschaft und besonders ihrer Führungsschicht war unter diesen Bedingungen das Gebot der Stunde; die Mittel dafür waren zeitspezifisch und der ritterlichen Mentalität angepaßt. Eduard III. veranstaltete seit dem Sommer 1348 eine Reihe großer Turniere, in deren Mannschaften auch vornehme französische Kriegsgefangene antraten. In Windsor gewann der Graf von Eu, Connétable von Frankreich, den Hauptpreis. Anfang August stiftete der englische König die Georgskapelle in der Burg von Windsor als Sitz des von ihm gegründeten *Order of the Garter*, des heute noch in Großbritannien unter dem Patronat des heiligen Georg bestehenden und verliehenen Hosenbandordens. Als ältester weltlicher Ritterorden ging der *Garter* aus einer *table ronde* hervor, einer Gesellschaft für dreihundert Ritter, die 1343/44 nach dem Vorbild der sagenhaften und in vielen Ritterepen beschriebenen Tafelrunde des Königs Artus eingerichtet worden war. Der wesentlich exklusiveren Neugründung für vierundzwanzig Ritter, die an der Schlacht von Crécy teilgenommen hatten, stand als Souverän der König selbst vor; den Ordensmitgliedern waren feste Plätze im Chorgestühl der Georgskapelle zugeteilt, markiert mit ihren

Wappen und Bannern. Natürlich hatten Orden und Kapelle als Zentrum und Höhepunkt ritterlichen Zeremoniells auch eine politische Funktion, die sich sowohl in den Farben Blau und Gold manifestierte als auch in der Devise *Hony soit qui mal y pense* («Ehrlos, wer schlecht darüber denkt» – nämlich über den Anspruch des englischen Königs auf die Krone Frankreichs).

Das Vorbild des Hosenbandordens wirkte weiter, denn das im Krieg gesteigerte Bedürfnis nach Ausrichtung einer militärischen Führungselite auf den Monarchen und die öffentliche Repräsentation des Rittergedankens als Ferment der zeitgenössischen Adelsgesellschaft brachten in der homogenen Zivilisation des westeuropäischen Spätmittelalters weitgehend identische Formen hervor. 1352 stiftete König Johann II. von Frankreich den Sternenorden *(Ordre de l'Étoile)*, nachdem er schon 1344 als Herzog der Normandie eine ritterliche Bruderschaft für zweihundert Mitglieder eingerichtet hatte. Weit weniger elitär als der *Garter*, dafür mit deutlich größerem integrativen Elan, war der Sternenorden auf fünfhundert ritterliche Mitglieder ausgelegt, die gelobten, niemals vom Schlachtfeld zu fliehen. Deshalb fielen schon im Stiftungsjahr nahezu hundert Ritter in der Bretagne, und das Ordensgelübde war einer der Gründe für das Verhalten Johanns II. in der Schlacht bei Maupertuis 1356, als er die englische Gefangenschaft rechtzeitiger Flucht vorzog. 1430 verband Herzog Philipp der Gute von Burgund vierundzwanzig hohe Aristokraten seiner Länder und befreundete Fürsten im Orden vom Goldenen Vlies *(Toison d'Or)*, bezogen auf den griechisch-antiken Sagenkreis um Jason und die Argonauten, mit dem heiligen Andreas als Patron und der Palastkapelle von Dijon als Zentrum. Hier wie auch in allen Kirchen, in denen der Orden getagt hatte, wurden die Wappen der Mitglieder angebracht; in der Liebfrauenkirche zu Brügge und in der Jakobskirche zu Den Haag sind sie heute noch zu sehen.

Am 26. August 1350 starb Philipp VI., und sein Nachfolger Johann II. versuchte nach den Erfahrungen von Crécy eine Heeresreform, indem er Einheiten von leichtbewaffneten Reitern neben die Ritter stellte, die Zahl der Armbrustschützen vermehrte und ein kleines Bognerkorps aufstellte. Gegen Unzuverlässigkeit und Desertion ging er mit schärferen Kontrollen und Solderhöhungen vor, die Ritterschaft sollte durch die Gründung des Sternenordens neu motiviert und integriert werden.

Kleinere Siege in der Bretagne und in Aquitanien schienen auf den Erfolg dieser Maßnahmen zu deuten, aber Eduard III. gewann mit König Karl von Navarra einen neuen Bündnispartner, der künftig sehr nützlich sein sollte. Karl war durch seine Mutter Johanna, die Gemahlin Philipps von Évreux, ein Enkel König Ludwigs X. von Frankreich; er besaß mehrere französische Grafschaften und hatte durch seine Mutter Erbansprüche auf die Champagne. Den 1328 mehr oder minder erzwungenen Thronverzicht seiner Eltern hatte er niemals anerkannt, sich aber zunächst dem Königshof angeschlossen und sogar eine Tochter Johanns II. geheiratet. Als man ihm aber das versprochene Heiratsgut seiner Gemahlin vorenthielt, bot er Eduard III. ein Militärbündnis an und fand sich erst 1354 gegen große Entschädigungen in der Normandie im Vertrag von Mantes zur Versöhnung mit Johann II. bereit. Dennoch blieb er das Haupt einer beachtlichen Adelsfraktion, die in den nächsten Jahren, zwischen Eduard III. und Johann II. lavierend, Autonomie gegenüber der französischen Kronverwaltung zu gewinnen hoffte.

Englisch-französische Friedensverhandlungen führten im April 1354 zu dem Vorschlag, Aquitanien und die Loiregrafschaften Touraine, Anjou und Maine Eduard III. zu übergeben, der im Gegenzug auf seinen französischen Thronanspruch verzichten sollte. Bevor ein entsprechender Vertrag in Avignon ratifiziert werden konnte, nahm Johann II. das Angebot zurück und lehnte jeden territorialen Verzicht ab. Daraufhin traf Karl von Navarra im Winter 1354/55 in Avignon mit Johann von Gent zusammen, dem dritten Sohn Eduards III. und Herzog von Lancaster; das von beiden ausgehandelte Abkommen versprach Karl für den Fall eines englischen Sieges die Normandie, die Champagne und den größten Teil des nördlichen Pyrenäenvorlandes. Im Sommer 1355 sollte ein Zangenangriff beginnen, den der englische König von Norden, eine zweite Armee von der Guyenne aus vortragen sollte. Ungünstige Winde aber hielten

Eduard Prinz von Wales, der «Schwarze Prinz» († 1376)
Grabmal in der Kathedrale von Canterbury

die königliche Flotte in Portsmouth fest, so daß der Feldzug nur von Süden her geführt werden konnte.

Im Sommer 1355 landete der englische Thronfolger Eduard mit seinem Heerführer John Chandos bei Bordeaux. Eduard war seit Crécy kriegserfahren und hatte sich in der Folgezeit als begabter Truppenführer erwiesen; mit großem persönlichen Mut und weit entwickeltem Sinn für kultivierte Hofhaltung war er eine der glänzendsten Gestalten der ritterlichen Welt des späten Mittelalters. Sein früher Tod im Jahre 1376, ein Jahr vor dem Ende seines Vaters, war ein schwerer Verlust für die englische Monarchie. Während Eduard einen mit großen Verwüstungen verbundenen Zug ins französische Languedoc bis Narbonne und Carcassonne unternahm, mußte Johann II. die in Paris versammelten Stände des nördlichen Frankreich, der Languedoïl, um Hilfsgelder bitten. Der Sprecher des Bürgertums Étienne Marcel, Tuchhändler und Vorsteher der Pariser Kaufmannschaft, verlangte als Gegenleistung eine gewisse Beteiligung der Stände an der Finanzverwaltung und die Zusage, daß der König sie wieder einberufen würde. Mit einer ersten Einschränkung der monarchischen Gewalt mußte Johann II. seinen Abwehrkrieg bezahlen.

Im September 1356 zog Eduard von seiner Basis Bordeaux aus durch Périgord, Limousin, Berry und die Touraine in Richtung auf die Loire, die er bei Amboise erreichte. Schon Anfang des Monats hatte Johann II. die französische Ritterschaft, verstärkt durch lothringische, deutsche, schottische und Schweizer Söldner, in Chartres versammelt und marschierte am 8. September südwärts ab. Bei Maupertuis, 10 km südöstlich von Poitiers, traf Eduard am 19. September mit etwa 10 000 Mann auf die etwa doppelt so starke Armee Johanns II. und überzog deren Vorhut sogleich mit dichten Salven seiner irischen und walisischen Bogenschützen. Im englischen Vorstoß auf die Hauptmacht Johanns fielen so viele französische Ritter durch Tod oder Gefangenschaft aus, daß der König drei seiner Söhne vorsorglich aus der Schlacht führen ließ. Seine restliche Truppe verstand das als Eingeständnis der Niederlage und wandte sich zur Flucht. Zusammen mit seinem vierzehnjährigen Sohn Philipp, nachmals Herzog von Burgund, ließ sich der König von Frankreich auf dem Schlachtfeld gefangennehmen.

War das ein Fehler? Vielleicht glaubte Johann II., durch tapfere Verweigerung der Flucht das Ansehen der Monarchie über die Katastrophe hinweg bewahren zu können. Wenn das seine Absicht war, so ist es ihm gelungen, den Volkszorn auf einen des Versagens und der militärischen Unfähigkeit geziehenen Adel abzulenken, der in eine schwere Legitimationskrise geriet, weil er seine Sonderstellung aus der ritterlich-militärischen Leistungsfähigkeit ableitete. Zweimal aber hatte er versagt. Noch immer mußte er mit standesbedrohenden wirtschaftlichen Schwierigkeiten kämpfen, darüber hinaus beklagten die meisten Familien Tote, versorgten Invalide und brachten große Lösegeldsummen für Gefangene auf.

Der englische Thronfolger ging mit seinem königlichen Gefangenen zunächst nach Bordeaux, wo am 23. März 1357 ein Waffenstillstand geschlossen wurde, der bis zum 9. April 1359 befristet war. Dann überführte man Johann II. nach London, während der achtzehnjährige Dauphin Karl, der spätere König Karl V., als Stellvertreter seines Vaters gegen eine starke Opposition zu kämpfen hatte. Gefahr ging nicht nur von der in Fraktionen gespaltenen Bevölkerung seiner Hauptstadt aus, die sich zunehmend an den Erfolgen der oppositionellen flandrischen Städte orientierte, sondern auch von den alten Gegnern des Hauses Valois. Sie sammelten sich um Karl von Navarra, der nun mit englischer Unterstützung zum Bundesgenossen der bürgerlichen Opposition von Paris wurde.

Im Oktober 1356 rief der Dauphin die Stände der Languedoïl in Paris zusammen und stand einer wütenden Menge gegenüber, als deren Sprecher Étienne Marcel nichts weniger als eine Reichsreform forderte, Absetzung unfähiger Berater und Amtsträger der Krone, Kontrolle des Königs durch einen Rat von Repräsentanten der drei Stände. Unter der Mitherrschaft dieses Rates sollte der Krieg fortgesetzt und durch erhebliche Geldbewilligungen zu einem raschen und siegreichen Ende gebracht werden. Die bisherige Politik des Verhandelns und der Waffenstillstände wollte man getrost aufgeben. Der Dauphin legte sich nicht fest, entließ die Versammlung mit der Zusage, an einem späteren Termin zu antworten, und begab sich zu einem Treffen mit Kaiser Karl IV. nach Metz. Als er sah, daß hier keine Unterstützung zu erwarten war, rief er die Stände wieder zusammen, entsprach ihren Forderungen weitgehend und erließ im März 1357 die Große Ordonnanz, die unter anderem eine Aufnahme von Ständevertretern in den königlichen Rat vorsah. Johann II. verweigerte aus der Gefangenschaft zwar seine Zustimmung, aber unter dem Druck der Verhältnisse setzte sich Karl darüber hinweg und beruhigte die Lage, bis die Stände im Februar 1358 neue Forderungen stellten, die im wesentlichen den Absichten der Pariser Bürgerschaft entsprachen.

Damit der König nicht durch einzelne Provinzialstände unterstützt werden konnte, sollten alle regionalen Ständeversammlungen zugunsten der einen, von Paris beherrschten Generalversammlung der Languedoïl verboten werden. Um das zu erzwingen, stürmte am 22. Februar während eines von Étienne Marcel inszenierten Aufruhrs eine wütende Menge den Königspalast und ermordete unter den Augen des Dauphins die Marschälle der Normandie und der Champagne. Karl verhielt sich notgedrungen passiv, erreichte aber in Geheimverhandlungen zunächst die Hilfe einiger regionaler Stände und gewann am 4. Mai auch die nach Compiègne berufene Generalversammlung der Languedoïl für sich, der die Dominanz Étienne Marcels und der Pariser Bürgerschaft zu mißfallen begann.

Während sich die politischen Kräfte zugunsten des Dauphins neu gruppierten, brach Ende Mai 1358 im Umland von Beauvais ein Aufstand los, der schnell den ganzen Norden Frankreichs erfaßte. Schon seit längerem hatten sich die Bauern bewaffnet, weil Karl ihnen Selbstschutz gegen streifende Banden entlassener Söldner empfohlen hatte. Die «Jacquerie», benannt nach *Jacques Bonhomme*, der Karikatur des biederen Landmannes, war gefährlich, denn sie richtete sich ausdrücklich nicht gegen den König, wohl aber entschieden gegen die Herrschaft des Adels. Die Ritter, so der zentrale Vorwurf der Bauern, waren militärische Versager, die ihr Landvolk nicht mehr schützen konnten, sondern es nur noch unterdrückten. Von dem rhetorisch und taktisch begabten Grundbesitzer Guillaume Cale geführt, kämpften die Bauern unter dem königlichen Lilienbanner und erzielten beachtliche Erfolge.

Als Étienne Marcel sich anschickte, mit den Jacques gemeinsame Sache zu machen, verlor er die Unterstützung Karls von Navarra, der sich an die Spitze des von den Bauern bedrohten Adels stellte und Guillaume Cale in einen Hinterhalt lockte. Durch dessen Hinrichtung in Clermont verloren die Aufständischen ihren Führer und wurden nun grausam verfolgt, während der Dauphin die Belagerung von Paris begann. Die Stimmung in der Hauptstadt hatte sich mittlerweile gewandelt, und bei einem Volksauflauf am 31. Juli wurde Étienne Marcel erschlagen, so daß der Dauphin zwei Tage später in Paris einziehen konnte. Für diesmal hatte er die Krise überwinden können, denn der große Bauernaufstand hatte den Adel wieder fest auf die Seite der Monarchie gebracht und die Stände lernten durch ihre Partizipation an der Finanzverwaltung, die fiskalischen Voraussetzungen des Landes im Krieg realistischer einzuschätzen als bisher.

Während der Gefangenschaft Johanns II. wurden anglo-französische Friedensverhandlungen geführt, die nahezu gleichzeitig mit dem Ausbruch der Jacquerie im Londoner Vertrag vom Mai 1358 ihren Abschluß fanden. Eduard III. sollte ohne jede Lehnsverpflichtung die Guyenne, die Gascogne und das Poitou bekommen, dazu die Bretagne als Lehen; das Lösegeld für Johann II. wurde auf vier Millionen Écu d'or festgesetzt, Goldmünzen von je 4,53 Gramm Gewicht.

Der französische Thronfolger mußte angesichts seiner bedrängten Lage den Abreden zustimmen und auf englischen Druck in neue Verhandlungen eintreten, die im März 1359 zu einem zweiten Londoner Vertrag führten, der Eduard III. gegen dessen Verzicht auf die Krone Frankreichs noch die Touraine, das Anjou, Maine und die Normandie einbringen sollten. Johann II. stimmte dem zu, aber diesmal widersprach der Dauphin und erreichte auch ein ablehnendes Votum der Stände, die statt eines solchen Vertrages lieber den Krieg neu aufnehmen wollten. Daraufhin suchte Eduard III. nochmals die militärische Entscheidung und stand am 4. Dezember 1359 vor Reims. Wahrscheinlich wollte er sich dort zum König von Frankreich krönen lassen, konnte die Stadt aber nicht einnehmen und zog im Januar nach Burgund, dessen Herzog Philipp de Rouvre zur Schonung seines Landes am 10. März 1360 einen Waffenstillstand schloß, mit dem er gegen eine hohe Geldzahlung und das Versprechen, Eduard III. nach dessen Krönung als König von Frankreich anzuerkennen, den Abzug der Engländer erreichte.

Als der Dauphin der offenen Feldschlacht immer wieder auswich und auch Paris nicht eingenommen werden konnte, mußte sich Eduard III. am 1. Mai 1360 in Brétigny nahe Chartres auf Verhandlungen einlassen, die innerhalb einer Woche zum Waffenstillstand führten. Während das englische Heer nach Calais abzog, formulierten die beiden Thronfolger einen Friedensvertrag, der Eduard III. fast das ganze Aquitanien von der Loire bis zu den Pyrenäen zusprach, außerdem Calais mit seinem Umland, die Grafschaften Ponthieu und Guines. Das Lösegeld für Johann II. wurde auf drei Millionen Écu ermäßigt, was immer noch nahezu zwei Jahreseinnahmen der französischen Monarchie entsprach. Nach Zahlung einer ersten Rate sollte der König freigelassen werden, und Eduard III. verzichtete abermals auf die Krone Frankreichs. Am 24. Oktober ratifizierten beide Seiten in Calais den Vertrag. Zum ersten Mal schien es eine reale Hoffnung auf dauerhaften Frieden zu geben.

4. Könige und Heerführer
(1361–1380)

Bald nach dem Abschluß des Friedens von Brétigny-Calais stellte sich heraus, daß beide Seiten im Grunde nicht damit einverstanden waren. Eduard III. versuchte mehrfach, die schon ratifizierten Vereinbarungen nachzubessern, obwohl sie doch den Höhepunkt seiner Erfolge in Frankreich bedeuteten. Im November 1361 nahm er die schleppend vollzogene und deshalb noch nicht vollständig abgeschlossene Übergabe der ihm zugesprochenen Gebiete zum Anlaß, seinen Anspruch auf die französische Krone zu erneuern. Daraufhin bekräftigte Johann II. seine Lehnsoberhoheit über diese Länder und wich damit ebenfalls von den Friedensbedingungen ab. Gleichzeitig tat sich für den französischen König ein neuer Konfliktherd auf, als am 21. November 1361 Philipp de Rouvre an der Pest starb, der letzte capetingische Herzog von Burgund, und Karl von Navarra als entfernter Verwandter sogleich Anspruch auf die Nachfolge erhob. Johann II. aber gab das Herzogtum seinem Sohn Philipp, der sich auf dem Schlachtfeld von Maupertuis den Beinamen «der Kühne» verdient hatte.

Trotz der bestehenden Spannungen hatte Eduard III. den König von Frankreich aus seiner Gefangenschaft entlassen, noch bevor das Lösegeld für ihn vollständig gezahlt worden war, und sich als Garantie für die restliche Summe vornehme Geiseln stellen lassen. Deren Haft dauerte freilich länger als vorgesehen, weil die Zahlungen nur schleppend eingingen, und deshalb trafen sechs von ihnen, Angehörige des Hauses Valois, im November 1362 mit dem englischen König eine Sondervereinbarung, in der sie ihm die sofortige Zahlung von 200 000 Écu und Gebietsabtretungen versprachen. Auf diese Zusagen hin brachte man sie von der Insel nach Calais, hier aber verstieß Johanns II. Sohn Ludwig, Herzog von Anjou, schwer gegen den ritterlichen

Karl V., König von Frankreich (1364–1380)
Statue aus der Église des Célestins/Paris, Musée du Louvre, Paris

Verhaltenscodex, indem er von einem Urlaub auf Ehrenwort nicht wiederkam, und er beschädigte durch dieses Verhalten auch die Reputation seines Vaters vor der Öffentlichkeit des europäischen Adels. Deshalb ging Johann II. im Januar 1364 freiwillig nach London zurück und starb dort am 8. April desselben Jahres. Nun stand alles im Zeichen des neuen Königs, der am 19. Mai 1364 als Karl V. in Reims gesalbt und gekrönt wurde.

Charakteristische Züge seiner Persönlichkeit entsprachen eher der intellektuellen als der ritterlichen Welt, denn Karl suchte immer wieder das gelehrte Gespräch und holte zu verschiedenen Problemen Gutachten der Universität Paris ein. Auch stellte er eine eigene Bibliothek zusammen, die das Fundament aller späteren königlichen Büchersammlungen bilden sollte, so daß die heutige *Bibliothèque Nationale de France* letztlich auf Karl V. zurückgeht, der für seinen persönlichen Gebrauch außer klassischen Rechtstexten wie den *Institutionen* und den *Digesten* Justinians auch die Hauptschriften des Aristoteles übersetzen ließ, von denen er Ethik, Politik und Ökonomik besonders schätzte.

Seine wichtigsten Berater waren über ihr Fach hinaus gebildete Juristen und Truppenführer. Die Brüder Jean und Guillaume de Dormans hatten beide an der renommierten Rechtsschule von Orléans studiert und wirkten danach als Kronanwälte (*avocats du roi*) am Pariser Parlement, dem obersten Gerichtshof der Monarchie. Jean de Dormans hatte schon dem Thronfolger Karl als Kanzler der Normandie gedient, 1360 in Chartres mit den Engländern verhandelt und den Frieden von Brétigny geschlossen. Im selben Jahr wurde er Bischof von Beauvais, 1361 Kanzler von Frankreich. Guillaume de Dormans gehörte zum Großen Rat *(Grand Conseil)* des Königs und gleichzeitig zur *Chambre des comptes*, der zentralen Finanzbehörde Frankreichs. In Vertretung des Königs kontrollierte der Jurist und erfahrene Verwaltungsfachmann Hugues Aubriot seit 1364 als Prévôt von Paris mit harter Hand die Bürger und den städtischen Klerus; er ließ im Rahmen der neuen Stadtbefestigung das Petit Châtelet und die Bastille erbauen, dazu 1378 eine steinerne Seinebrücke, den Pont St-Michel; neben dem hölzernen Petit Pont war das die zweite Verbindung der Île de la Cité mit dem linken Seine-Ufer.

Engster Vertrauter seit Karls Kronprinzenzeit und an allen Regierungsgeschäften des Königs unmittelbar beteiligt war jedoch Bureau de la Rivière, der sich als tapferer Truppenkommandeur mehrfach ausgezeichnet hatte und als erster Kammerherr *(premier chambellan)* die Königsrechte konsequent vertrat. Er förderte die Dichterin Christine de Pisan und den ritterlichen Schriftsteller Philippe de Mézières, den Karl V. als Prinzenerzieher an seinen Hof berief. Dort arbeitete Philippe de Mézières neben Raoul de Presles und Nicolas Oresme dem König bei dessen Konzept einer *bonne policie* zu, der methodisch betriebenen, umfassend und gleichmäßig wirksamen Ordnung aller öffentlichen Angelegenheiten durch die monarchische Gewalt, die ihrerseits im Sinne des Aristoteles gesetzmäßig handeln mußte und dafür der Beratung bedurfte. Als Anregung für die theoretische Begründung eines so verstanden mächtigen und allzuständigen Königtums übersetzte der Jurist Raoul de Presles Karl V. nicht nur Augustins Werk über den Gottesstaat *(De civitate Dei)* ins Französische, sondern auch wichtige Denkschriften aus der Zeit des Kampfes zwischen König Philipp IV. und Papst Bonifaz VIII., während der Theologe Nicolas Oresme außer naturphilosophischen Schriften und den Aristoteles-Übersetzungen mit dem *Traictié de la première invention des monnaies* eine ökonomisch-geldtheoretische Abhandlung einbrachte, in der er für deutliche Beschränkungen der monarchischen Gewalt eintrat: Da die Münze dem Gemeinwohl verpflichtet sei, dürfe der Fürst sie nicht zum eigenen Vorteil manipulieren.

Solche gelehrten Interessen, die Karl V. den Beinamen *Le Sage*, der Weise, eingebracht haben, durften jedoch keineswegs darüber hinwegtäuschen, daß dieser König, politisch weit dynamischer und entschlußfreudiger als sein Vater, bei passender Gelegenheit auch eine Wiederaufnahme des Krieges nicht scheuen würde. In seinem Auftrag hatte der bretonische Ritter Bertrand Du Guesclin am 16. Mai 1364, drei Tage vor der Krönung

Karls V., bei Cocherel in der Normandie die Armee Karls von Navarra geschlagen, der daraufhin seine Herrschaftsgebiete an der unteren Seine aufgeben mußte. Die folgende Zeit eines labilen Friedens wurde jedoch durch das Problem belastet, was mit den nun abzudankenden Söldnern geschehen sollte. Diese Berufskrieger waren vielfach schon in geschlossenen Verbänden angeworben worden und hatten im Lauf ihrer Einsätze einen Korpsgeist entwickelt, der sie auch nach dem Auslaufen der Soldverträge beisammenbleiben ließ. Das lag schon deshalb nahe, weil die Angehörigen solcher *compagnies* vielfach gesellschaftlich entwurzelt und nach den Feldzügen erst recht für keinen zivilen Beruf mehr geeignet waren. Sie hatten ihren Erwerb in Kampf und Beute gefunden und wollten das auf eigene Rechnung weiterbetreiben, wenn ihnen niemand mehr Dienste anbot. Burgen und feste Plätze nahmen sie sich als Stützpunkte, waren von dort schwer wieder zu vertreiben und lebten von erpreßtem Schutzgeld, das allmählich fast wie eine öffentliche Abgabe erhoben und gezahlt wurde. Oft waren die Führer solcher Banden illegitime Söhne adliger Väter oder verarmte Ritter, die außerhalb des Kriegshandwerks nichts leisteten, aber in ihrer jeweiligen *compagnie* eine strenge Disziplin und Feldgerichtsbarkeit durchsetzten, Kanzleien für das Ausstellen von Geleitbriefen und Quittungen für erhaltene Zahlungen einrichteten. Als Freibeuter plagten sie Land und Menschen noch weit schlimmer als die regulären Armeen, außerdem aber waren sie gefährliche Werkzeuge der Macht, käuflich und verfügbar für jeden, der sie bezahlen konnte. Schlossen sich mehrere solcher *compagnies* zu größeren Heeren zusammen, so wurden sie zur ernsthaften Bedrohung wie im Dezember 1360, als sich sogar Papst Innozenz VI. im schwer befestigten Avignon fürchten mußte; am 6. April 1362 besiegten sie in offener Feldschlacht ein von Jacques de Bourbon geführtes Adelsaufgebot bei Brignais in der Nähe von Lyon. Es kann nicht überraschen, daß unter diesen Umständen jede Gemeinde, jeder Landstrich, alle Kirchen und selbst die öffentliche Gewalt versuchten, *compagnies* mit Hinweisen auf lohnende Ziele in der Nachbarschaft und anderswo von sich abzulenken. Dieses Verfahren wählte auch Karl V., als er das Interesse der Banden auf Spanien lenkte, die Finanzierung des Zuges dorthin versprach und ihnen mit Bertrand Du Guesclin einen Führer und Aufseher gab.

Die Wahl Spaniens als Marschziel war natürlich kein Zufall, sondern hatte gute Gründe. König Peter I. von Kastilien wurde dort seit Jahren von einer Adelsopposition unter Führung seines Halbbruders Heinrich von Trastámara bekämpft, und weil der englische König Peter I. unterstützte, lag es für Karl V. nahe, sich auf die Seite Heinrichs von Trastámara zu stellen, ihm als Militärhilfe die *compagnies* zu schicken und sein eigenes Reich damit von der Plage zu befreien. Diese Rechnung ging auf, denn ein erfolgreicher Feldzug Du Guesclins im Winter 1365/66 brachte den Söldnern hohe Verluste, verschaffte Heinrich von Trastámara die kastilische Königswürde und Karl V. einen verläßlichen Alliierten, dessen Flotte künftig gute Dienste leisten sollte.

Das war sogleich im Hinblick auf die Kontrolle der flandrischen Küste von Interesse, weil Ludwig von Male, der Sohn des auf französischer Seite bei Crécy gefallenen Grafen von Flandern, offensichtlich ins Lager Eduards III. übertreten wollte, um bessere Bedingungen für den Wollimport zu erhalten und damit auch die alten Spannungen zwischen dem Grafenhaus und seinen Städten aufzuheben. Seit 1363 bemühte sich der englische König zudem um eine Heiratsverbindung der flandrischen Erbtochter Margarethe mit seinem Sohn Edmund, Herzog von York, dem er Calais sowie die Grafschaften Guînes und Ponthieu übertragen hatte. Dieser drohenden Einkreisung arbeitete Karl V. mit Hilfe Papst Urbans V. entgegen, der den wegen entfernter Verwandtschaft der Brautleute kirchenrechtlich notwendigen Ehedispens verweigerte. Stattdessen sollte es Karl V. 1369 gelingen, Margarethe mit Herzog Philipp dem Kühnen von Burgund zu verheiraten und damit die Position des Hauses Valois durch die absehbare Vereinigung Flanderns mit Burgund beträchtlich zu stärken. Niemand konnte damals voraussehen, daß aus der vergrößerten burgundischen Herrschaft der französischen Krone eine Gefahr erwachsen würde.

Das größere Konfliktfeld aber lag nach wie vor im Süden. 1362 hatte Eduard III. seinem ältesten Sohn gleichen Namens den Titel eines Herzogs von Aquitanien verliehen, dessen Regierungssitz Bordeaux sein sollte. Eine solche Herrschaft mit fester Residenz hatte man in Aquitanien bisher nicht gekannt, und der Verwaltungsstil des jüngeren Eduard, der im Juli 1363 bei La Rochelle gelandet war und sein neues Land in Besitz nahm, machte ihn bei den Einwohnern alsbald unbeliebt. Als Graf Johann I. von Armagnac sich 1368 zum Sprecher aquitanischer Herren machte, die gegen überhöhte Abgabenforderungen des Herzogs vor dem Pariser Parlement Klage erheben wollten, verweigerte Eduard diesem höchsten Gericht der französischen Monarchie die Anerkennung und forderte damit Karl V. heraus, der sich durch Rechtsgutachten der Universitäten Bologna, Toulouse und Montpellier vergewisserte, daß er Klagen der aquitanischen Stände entgegennehmen durfte. Im Januar 1369 zitierte er den Herzog nach Paris, damit er sich dem Urteil des Parlements stelle. Gern, so ließ der Chronist Jean Froissart den Beklagten antworten, würde er zum angesetzten Termin kommen, allerdings an der Spitze eines Heeres von 60000 Mann. Daraufhin lud das Parlement die Kläger vor, gab ihnen recht und verurteilte den Herzog als rechtsverweigernden Vasallen wegen Nichterscheinens vor Gericht. Im Gegenzug nahm Eduard III. Anfang Juni in Westminster den Titel eines Königs von Frankreich wieder an, und noch bevor Karl V. am 30. November 1369 das Lehen Aquitanien für die Krone Frankreichs eingezogen hatte, war der Krieg aufs neue ausgebrochen.

In dieser zweiten Phase des Hundertjährigen Krieges überraschte der König von Frankeich mit ganz neuartig angelegten Operationen. Durch fünf- bis sechsmonatige Feldzüge pro Jahr ließ er die Truppen Eduards III. an verschiedenen Schauplätzen in einen zermürbenden Kleinkrieg verwickeln, den er dank des großen und verhältnismäßig sicheren Jahresbudgets der Krone mit Soldtruppen führen konnte. Von den Heerführern Bertrand Du Guesclin, der seit 1370 Connétable von Frankreich war, den Marschällen Ludwig von Sancerre, Johann von Mauquenchy, genannt «Le Mouton de Blanville», Olivier de Clisson und dem Admiral Johann von Vienne verlangte Karl V. gemäß seiner wohldurchdachten und von Fall zu Fall empirisch überprüften

Strategie, offene Feldschlachten zu vermeiden und grundsätzlich nur bei großer zahlenmäßiger Überlegenheit der eigenen Truppen mit sicheren Siegeschancen anzugreifen. Damit erregte er allerdings den Zorn des Volkes, das dem Feind immer wieder ungeschützt preisgegeben wurde; aber auch die Truppenführer, denen manche Gelegenheit zur Bewährung entging, waren unzufrieden. Der König, der seiner labilen Gesundheit wegen nicht selbst ins Feld ziehen konnte, ließ sich jedoch nicht beirren, spannte ein festes Netz reitender Boten zwischen den einzelnen Kriegsschauplätzen und seiner Hauptstadt aus, erreichte Schritt für Schritt beträchtliche Gewinne. Schon Anfang 1370 hatte er ganze Landschaften erobert: Rouergue, Quercy, Agenais und Périgord.

Einen Gegenstoß der Truppen Eduards III., den dessen erprobter Armeeführer Robert Knolles von Calais aus durch das Umland von Noyon, Reims, Troyes und sogar an Paris vorbei in Richtung auf die Bretagne vortrug, konnte Du Guesclin, der Knolles aus früheren Gefechten gut kannte, zwar nicht verhindern, aber 1372 gelang ihm die Eroberung der gesamten Bretagne mit Ausnahme einiger Burgen. Im selben Jahr versenkten kastilische Galeeren im Hafen von La Rochelle die Nachschubflotte des Herzogs von Aquitanien, und bis 1375 hatte Eduard III. seinen Festlandsbesitz außer Calais, Guînes, Bayonne, Dax, St-Sever und dem Bordelais verloren. Nun war er im Juli zum Abschluß eines auf zwei Jahre befristeten Waffenstillstands bereit, den man in Brügge schloß und dem eine Serie weiterer Verhandlungen folgte. Die Grundpositionen blieben freilich nach wie vor unvereinbar.

England hatte große Investitionen in den Krieg geleistet und war zwar militärisch weniger bedroht als Frankeich, konnte sich aber keineswegs unangefochten sicher fühlen. Seit der schweren Niederlage Eduards II. bei Bannockburn am 24. Juni 1314 gab es immer wieder Angriffe der Schotten, die sich infolgedessen als natürliche Alliierte der französischen Könige anboten und eine ständige Bedrohung der Nordflanke darstellten. An der englischen Küste war es außerdem mehrfach zu Landungsversuchen französischer Truppen gekommen, so im Jahre

1338, als der Hafen von Southampton für ein Jahr lahmgelegt wurde. Niemals aber drang der Krieg in die fruchtbaren, dichtbesiedelten Grafschaften Südenglands vor, und nicht zuletzt dieser Friede im eigenen Land erlaubte den englischen Königen ihre ausdauernde, auf reichen Reserven beruhende Kriegführung. Während der großen Feldzüge dürften 10% der männlichen Bevölkerung Englands an den Kriegshandlungen beteiligt gewesen sein: kämpfend, als Seeleute beim Truppentransport, beim Nachschub, in der Heeresverwaltung. Seit der Mitte des 14. Jahrhunderts war die Organisation des Finanzwesens unter dem Druck des Krieges und der vom Parlament repräsentierten kriegsmüden, wenig dienstwilligen Bevölkerung so effizient geworden, daß auf dem Kontinent nur noch Freiwillige mit Dienstverträgen kämpften, deren Kosten die Krone trug und durch Sondersteuern und Kredite refinanzierte. Wegen dieses umfassenden Systems guter und sicherer Soldzahlungen wirkte sich der Krieg auf das Verhältnis Eduards III. zur Aristokratie positiv aus, weil der ritterliche Adel die Sache des Königs zu seiner eigenen machte, solange er von militärischen Erfolgen mit Einnahmen aus Dienstverträgen, Beute und Lösegeld profitieren durfte. Seit den siebziger Jahren des 14. Jahrhunderts gab es allerdings einen Generationenwechsel im engeren Führungskreis, verschärft noch durch den Tod der Prinzen Lionel im Jahre 1368 und Eduard im Jahre 1376, denn nun wurde der wenig beliebte dritte Sohn, Johann von Gent, Herzog von Lancaster, Stellvertreter und Sprecher seines Vaters Eduards III., der im Jahre 1377 starb.

Damit begann für England eine Zeit der Unsicherheit. Der verstorbene König hatte nicht Johann von Gent zu seinem Nachfolger bestimmt, sondern den damals elfjährigen Sohn des Herzogs von Aquitanien, Richard, der 1377 mit Hilfe des Parlaments König wurde. Das war eine zwiespältige Verfügung, denn nirgendwo war die Monarchie institutionell schon so gefestigt, daß sie unmündige, schwerkranke oder inkompetente Könige über längere Zeit hätte ertragen können. Zu allem Unglück zog sich die Jugend Richards II., vielleicht unter dem Einfluß seiner Mutter Johanna von Kent, über Gebühr in die Länge, so daß er

Richard II., König von England (1377–1399)
Zeitgenössisches Gemälde, vielleicht von Gilbert Prince oder
Thomas Litlyngton, im Chor von Westminster Abbey

seine selbständige Regierung erst im Alter von zweiundzwanzig Jahren 1388 begann. Bis dahin verwalteten wechselnde Regentschaftsräte mit starker Tendenz zur Günstlingswirtschaft das Land und waren kaum in der Lage, auf die Aktionen des Königs von Frankreich angemessen zu reagieren.

Karl V. nutzte den ihm gewährten Handlungsspielraum sogleich aus und wandte sich schon im Frühjahr 1378 gegen Karl von Navarra, dem man geheime Verhandlungen mit dem englischen Hof und Vorbereitung eines Attentats auf den König von Frankreich vorwarf. Nachdem das Parlement deshalb alle Güter des Hauses Évreux eingezogen hatte, exekutierten Herzog Philipp der Kühne von Burgund und Bertrand Du Guesclin an der Spitze einer Armee diesen Beschluß und nahmen Karl von Navarra alle seine Länder ab mit Ausnahme der Stadt Cherbourg, die von einer englischen Garnison verteidigt wurde. Jetzt resignierte Karl und zog sich endgültig nach Navarra zurück, verkaufte zuvor jedoch Cherbourg an die englische Krone, die nun mit Calais, Brest, Cherbourg, Bordeaux und Bayonne an allen wichtigen Punkten der französischen Atlantikküste feste Plätze besaß.

Nun lag es nahe, auch die Bretagne zu gewinnen, doch hier scheiterte Karl V. am Sonderbewußtsein des bretonischen Adels, der seine Autonomie gegenüber der Krone behalten wollte und deshalb Johann von Montfort aus seinem englischen Exil zurückrief. Mit ihm kam der Graf von Buckingham und unternahm im Sommer 1380 von Calais aus einen großen Feldzug an Paris vorbei durch das Loiretal in die Bretagne. Wäre der englische Hof in der Lage gewesen, die Situation zielbewußt zu nutzen, hätte er möglicherweise die Gewinne Karls V. zunichte machen können, denn Frankreich war durch die Kriegshandlungen der letzten Jahre schwer getroffen und geschädigt worden; die laufenden Soldzahlungen hatten das Staatsbudget ständig überfordert und zu immer höheren Abgabenforderungen geführt, die großen Unmut erregten. Friede war nicht in Sicht, als Karl V. am 16. September 1380 im Alter von nur zweiundvierzig Jahren starb.

5. Herzöge und Regentschaften
(1380–1392)

In den letzten Jahrzehnten waren sowohl England als auch Frankreich durch Krieg, Pest und Hungersnöte geschwächt worden. Beide Länder steckten zudem tief in einer Führungskrise voller politischer Spannungen und Unsicherheiten, weil ihre Könige im Kindesalter gekrönt worden waren: Richard II. als Zehnjähriger am 16. Juli 1377 in Westminster, Karl VI. kurz vor Vollendung seines zwölften Lebensjahrs am 4. November 1380 in Reims. Karls natürliche Vormünder waren die Herzöge Ludwig von Anjou, Johann von Berry und Philipp der Kühne von Burgund als Brüder seines Vaters; dazu kam noch der Bruder seiner schon 1378 verstorbenen Mutter, Herzog Ludwig von Bourbon. Als ältester der Onkel Karls VI. beanspruchte Ludwig von Anjou den Vorsitz im Rat, stärkste politische Kraft war jedoch Philipp der Kühne, nicht nur wegen der Größe seines gut verwalteten Herzogtums und der sicheren Anwartschaft auf Flandern, sondern auch aus Tradition: Unter den Pairs von Frankreich kam dem Herzog von Burgund schon seit langem die höchste Würde zu.

Karl V. hatte für den Sohn eine sorgfältige Erziehung vorgesehen und aus dem Kreis seiner Berater die besten Tutoren ausgewählt, aber der künftige König wollte lieber von ritterlichen Abenteuern lesen als die Werke des Aristoteles oder Augustins; er liebte die Jagd und das Leben der adligen Gesellschaft. Die wesentlichen Regierungsgeschäfte und die königliche Finanzverwaltung sollten nach dem Willen Karls V. durch ein Kollegium aus hohen Verwaltungsbeamten und sechs Pariser Bürgern unter der Leitung von Bureau de la Rivière besorgt werden, denn die Brüder des Königs hatten zwar Truppenkommandos erhalten und waren an den großen Entscheidungen beteiligt, von der Zentralverwaltung aber stets ferngehalten worden. So sollte es auch weiterhin bleiben; doch dieses Regierungsmodell scheiterte schnell am Ehrgeiz und an der Rivalität der Herzöge, die sich schon wenige Wochen nach der Krönung Karls VI. darauf verständigten, daß ein zwölfköpfiger Rat unter ihrer gemeinsamen Präsidentschaft den König vertreten sollte, wobei Ludwig von Anjou ein eher repräsentativer als faktisch wirksamer Vorsitz zugedacht war und Johann von Berry alsbald freiwillig ausschied, um sich ganz seiner Herrschaft in Berry, Poitou, Auvergne und Languedoc zu widmen. Jeder der Herzöge wollte seine besonderen Ziele und Vorhaben aus dem Staatsschatz bezahlen und verlangte deshalb beträchtliche Steueranteile oder veranlaßte selbst Ausschreibungen neuer Abgaben. Als Ludwig von Anjou 1382 nach Italien ging, um die Krone des Königreichs Neapel-Sizilien zu erwerben, nahm er das Geld für die dabei eingesetzten Truppen und für die diplomatischen Bestechungsgelder aus dem Vermögen der Krone. Ludwigs Nachfolge als Präsident des Regentschaftsrates trat Philipp der Kühne von Burgund an und regierte Frankreich im Namen Karls VI. bis 1388, als der König im Alter von zwanzig Jahren selbst die Herrschaft übernahm. Bis dahin finanzierte Philipp den Aufstieg seines Herzogtums zur mittleren Territorialmacht im Königreich aus dessen Haushalt.

Unter diesen Voraussetzungen hing die Einheit des Landes im wesentlichen vom weiteren Funktionieren der königlichen Zentralbehörden ab, unter denen das Pariser Parlement als oberster Gerichtshof der Monarchie besonders wichtig war. Es bestand aus gelehrten Juristen, die der König stets selbst ernannt hatte, und verfügte seit 1345 über eigene Amtsräume im Palast auf der Île de la Cité. Das Monopol des Parlements auf die höchste Gerichtsbarkeit war harter Kern der monarchischen Souveränität, um die sich Rechtsgelehrte, Theologen und Philosophen größere Verdienste erworben haben als Heerführer. Mit großer Autorität arbeitete das Parlement als selbstbewußte Korporation, in der Professionalität mehr galt als adlige Herkunft.

In England lagen die Dinge nicht weniger kompliziert, zumal Eduard III. allem Anschein nach keine konkrete Verfügung über eine Regentschaft hinterlassen hatte. Deshalb nahmen sich nacheinander mehrere Kreise von großen adligen Herren, Bischöfen, Rittern und Klerikern der Regierung an. Von vornherein bestimmte Unzufriedenheit das Bild und wurde allmählich zum politischen Faktor, denn Johann von Gent, Herzog von Lancaster und ältester der noch lebenden Söhne Eduards III., litt unter der Zurücksetzung gegenüber seinem jugendlichen Neffen Richard II., und unzufrieden war auch Johanns Sohn Heinrich Bolingbroke, Graf von Derby, weil sein Vater nicht König und er selbst deshalb nicht Thronfolger geworden war. Allmählich breiteten sich im ganzen Land Enttäuschung und Mißstimmung aus, weil die Geschäftsführung der Regenten alte Übel nicht beseitigte. Vieles entschied Johann von Gent gemeinsam mit seinen Brüdern Edmund Graf von Cambridge, später Herzog von York, und Thomas Graf von Buckingham, später Herzog von Gloucester; aber auch Ritter aus dem Gefolge des Schwarzen Prinzen hatten als Vertreter seiner Witwe Johanna von Kent großen Einfluß. In erster Linie mußten sich diese Räte mit dem Problem der englischen Repräsentanz in Frankreich befassen, die im wesentlichen von der Kontrolle über die festen Plätze Calais, Cherbourg, Brest im Norden und Bordeaux in Aquitanien abhing. Brest gehörte zum Herrschaftsbereich Herzog Johanns von Bretagne, auf dessen Loyalität gegenüber der englischen Krone sich niemand fest verlassen konnte, und in jedem Falle war die Behauptung der Positionen auf dem Kontinent teuer. Erfolgreiche Feldzüge der Heerführer Karls V. hatten zu englischen Niederlagen geführt, den Krieg nach Flandern und Kastilien getragen, die Schotten zu Angriffen ermuntert; ein tragfähiges und militärisch wirksames Bündnis mit dem Römischen Reich kam nicht zustande, obwohl man Richard II. mit Anna von Böhmen verheiratet hatte, der Tochter Kaiser Karls IV. und Schwester König Wenzels.

Ständig mußten die Regentschaftsräte zwischen den Großen des Reiches vermitteln und mit solcher Konsensbildung eine der wichtigsten Funktionen des Königs wahrnehmen. Diese Aufgabe wurde ihnen durch eine Strukturkrise erschwert, die zwar ganz Europa erfaßte und den Hanseraum ebenso betraf wie Süddeutschland und Oberitalien, England und Frankreich, aber jeweils regionstypische Ursachen und Verlaufsformen zeigte, die entsprechend besondere Maßnahmen verlangten. Weil die Bevölkerungszahl seit der ersten Pestwelle von 1348 überall rückläufig war, stieg die Nachfrage nach Arbeitskräften und damit der Anteil der Lohnkosten am Preis der Produkte; Grundherren wollten diese Kosten niedrig halten und versuchten deshalb, geschuldete Leistungen mit Gewalt zu erzwingen, während in der Stadt das Mißverhältnis zwischen vorhandener Arbeit und fehlenden Arbeitskräften schnell zu aggressiv vorgetragenen Lohnforderungen führte. Eine revolutionäre Stimmung verbreitete sich über große Teile Europas, aber sie war disparat und entlud sich hier spontan, dort erst nach gründlicher Vorbereitung, entband utopische Ziele ebenso wie den begrenzten Willen zum Beheben lokaler Mißstände, war überall abhängig von Personen und lokalen Anlässen.

Die ersten städtischen Revolten gab es 1378 im Languedoc, nahezu gleichzeitig mit dem großen Aufstand der Ciompi, der einfachen Lohnarbeiter, in Florenz; im folgenden Jahr regten sich die flandrischen Städte und nach ihrem Vorbild die Kommunen Nordfrankreichs, auch England blieb nicht verschont. Angesichts übermäßiger finanzieller Lasten für den Kampf um mittlerweile verlorene Positionen auf dem Kontinent munkelte man in der Bevölkerung von Verrätern im Kreis der Führungskräfte. Das war ein schwerer Vorwurf, denn die Treue zwischen dem Herrn und seinen Vasallen galt viel in der vom Lehnrecht bestimmten Gesellschaft, und nachdem die Regenten zur Sicherung der Kriegskosten mehrfach immer höhere Kopfsteuern erhoben hatten, brach Ende Mai 1381 in Kent und Essex unter der Leitung von Gutsverwaltern *(stewards)*, gräflichen Amtleuten *(bailiffs)* und anderen örtlichen Honoratioren ein sehr gut koordinierter, keineswegs spontaner Aufstand los, der sich rasch ausbreitete. Viele auch der einfachen Landleute konnten lesen, sie waren imstande, ihre Kritik in größeren Zusammenhängen zu sehen und zu formulieren, auch die Forderungskataloge zu verstehen, die ihr Führer Wat Tyler dem König vorlegte. Diese Manifeste beklagten den erfolglosen Krieg in Frankreich, die Angriffe auf die südenglische Küste, überhöhte Steuerforderungen und das antiquierte Arbeitsrecht, führten die Mißstände auf das Werk schlechter Berater des Königs zurück, die sich zwischen diesen und sein Volk gedrängt hätten. In Wirklichkeit waren diese Ratgeber keine Verräter an Land und Volk, sondern inkompetent und von persönlichen Interessen geleitet, aber den Aufständischen ging es um eine Reform der Monarchie und des Staates schlechthin, denn die Quelle allen Übels vermuteten sie im Adel, im hohen Klerus und in den Regentschaftsräten.

Die Ideen des Oxforder Theologen John Wyclif, der bei Johann von Gent und der Königinmutter Johanna von Kent solange wohlgelitten blieb, wie die ganze Radikalität seines Denkens nicht klar geworden war, haben die Rebellion beflügelt. Die materielle Ausstattung des Klerus und seine Anfälligkeit für Korruption, lehrte Wyclif, hinderten die Erlösung der Christenheit; die Erscheinung des realen Corpus Christi in Gestalt von Brot und Wein bei der Eucharistiefeier sei eine fragwürdige Vorstellung; die Verehrung von Heiligen, die Beichte, Pilgerfahrten seien abzulehnen, denn entscheidend sei allein das Bewußtsein des gläubigen Individuums und seine Kenntnis der Heiligen Schrift. Deshalb ließ er von gleichgesinnten Gelehrten eine Übersetzung der Bibel ins Englische beginnen, und zum erstenmal drangen in England häretische Überzeugungen aus dem Raum der Universität massiv in die breite Öffentlichkeit.

Alle Menschen seien gleich, verkündeten die Rebellen, und der demagogische Kleriker John Ball faßte das in die eingängige Frage *When Adam delved and Eve span, where was then the gentleman?* («Als Adam grub und Eva spann, wo war denn da der Edelmann?») Einziger Herr dieser untereinander gleichen Menschen sei ihr König, das Kirchengut müsse enteignet und unter die Laien verteilt werden, alle Bistümer bis auf eines seien aufzulösen. Würde Richard II. selbst regieren, ginge es dem ganzen Land und seinen Bewohnern entschieden besser. Am Ende wurde der Aufstand durch Robert Knolles blutig niedergeschlagen, und seine Soldtruppen jagten die Bauern bis in ihre Dörfer, aber wie ein Leitmotiv sollte sich durch die folgenden Jahrzehnte in England und Frankreich dieser sehnsüchtige Ruf nach dem starken Monarchen, dem Retter, wiederholen.

Krieg und Krise stärkten das Königtum: Nicht, weil die monarchische Propaganda besonders gut gewesen wäre, sondern weil die breite Bevölkerung den Regierungskollegien mißtraute, die sie für korrupt und von gegenseitiger Günstlingswirtschaft verdorben wähnte.

Anders als in England wußten die Aufrührer in Frankreich nicht so genau, was sie wollten. Die Unruhen wurden noch nicht mit grundsätzlichen Forderungen nach Reichs- und Gesellschaftsreformen begründet, entzündeten sich aber ebenfalls an Steuererhebungen und verliefen kaum weniger heftig und gefährlich. Am 24. Februar 1382 plünderten in Rouen mehrere hundert Weber an der Spitze des Stadtproletariats die Häuser reicher Bürger, denen sie vorwarfen, mit dem Hof besondere Steuersätze ausgehandelt zu haben. Am 1. März wehrten sich Händler in den Pariser Markthallen gegen Steuerpächter; schnell griffen die Unruhen mit Plünderung von Bürgerhäusern und Massakern an Juden auf die ganze Stadt über und erreichten ihren Höhepunkt im Sturm auf das Rathaus. Bald forderten auch die Bürger von Amiens, Reims, Orléans und Lyon Munizipalverfassungen nach Genter Vorbild; aus der Normandie, der Champagne und der Picardie vertrieb man die königlichen Finanzbeamten. Anfang 1383 verbanden sich im Languedoc Bauern mit versprengten Söldnern gegen die Amtleute Herzog Johanns von Berry und konnten erst zwei Jahre später unter militärischem Druck und mit Amnestieversprechen wieder befriedet werden. Schon Anfang des Jahres 1382 hatten sich die wichtigsten flandrischen Städte unter Führung Gents gegen den Grafen gewendet, der seinen Schwiegersohn, Herzog Philipp von Burgund, zu Hilfe rief.

Im August bewog Philipp den Regentschaftsrat zum Eingreifen und fand Zustimmung, weil der Bürgerkrieg eine englische Landung in Flandern geradezu provozierte. Der mittlerweile vierzehnjährige Karl VI. erhob im Kloster Saint-Denis die Oriflamme, das angeblich auf Karl den Großen zurückgehende Kriegsbanner der französischen Könige, und gab damit zu verstehen, daß dies kein gewöhnlicher Feldzug war, sondern ein Krieg zur Wiederherstellung der monarchischen Ordnung in und über Flandern. Der Herzog von Burgund ließ verbreiten, daß man kämpfen wolle, um die Flandrer ins Lager Papst Clemens VII. zu zwingen: Da seit 1378 in der Christenheit zwei Päpste um Anerkennung stritten, nämlich Urban VI. (für den sich England, Deutschland und der größte Teil Italiens entschieden hatten) und Clemens VII. (den Frankreich, Burgund, Savoyen, Neapel-Sizilien und Schottland als rechtmäßigen Nachfolger des heiligen Petrus akzeptierten), konnte jede politische Aktion schnell zur religiösen Frage gewendet werden.

Am 27. November 1382 traf das königliche Heer bei Roosebeke in der Nähe von Kortrijk auf die Genter Stadtmilizen; weil man Verbrüderung der eigenen Fußtruppen mit den Städtern fürchtete, stand die franko-burgundische Ritterschaft in vorderster Front, umfaßte attackierend den Gegner von den Flanken her und richtete unter den auf diese Weise Eingeschlossenen ein schweres Blutbad an. Die Stadt selbst konnte nicht erobert werden, doch Brügge erkannte jetzt den König von Frankreich als seinen legitimen Herrn an, verließ das englische Bündnis und die Oboedienz Urbans VI. Obwohl die Besiegten als schuldige Rebellen betrachtet wurden, amnestierte der Graf von Flandern ihre führenden Köpfe und handelte damit ganz im Sinne des Herzogs von Burgund, der ein befriedetes und möglichst wenig zerstörtes Land erben wollte. Paris hingegen erlebte im Januar und Februar 1383 eine Strafaktion der königlichen Truppen, die mit Massenverhaftungen und Todesurteilen vor allem das reiche, selbstbewußte Bürgertum einschüchtern und von weiteren kommunalen Autonomiebestrebungen abhalten sollte. Das ehrwürdige Amt des *prévôt des marchands*, des Vertreters der Kaufmannschaft in der Stadtregierung, wurde mit der königlichen *prévôté de Paris* zusammengelegt, so daß die Stadt künftig direkt und ausschließlich von einem Amtmann des Königs verwaltet wurde. Gilden und Zünfte verloren nicht nur ihre interne Gerichtsbarkeit, sondern sogar das Versammlungsrecht, und demonstrativ machte der *prévôt de Paris* das bürgerliche Rathaus zu seinem Amtssitz. In Rouen erledigten königliche Kommissare ihren Auftrag nicht weniger gründlich, so daß besonders der bürgerliche Mittelstand im gesamten Seinetal die bisherigen Grundlagen seiner wirtschaftlichen und politischen Existenz verlor. Weil die Folgen für Handel und Gewerbe unübersehbar negativ waren, wurden im Laufe der nächsten Jahre die harten Eingriffe für die Hauptstadt Stück für Stück zurückgenommen, so daß Paris bis zur Jahrhundertwende seine kommunale Verfassung im wesentlichen wiedererlangt hatte und dazu ganz erhebliche ökonomische Vorteile, denn der Konkurrent Rouen blieb weiterhin benachteiligt. Die gesamte Normandie fiel wirtschaftlich gegenüber der Île de France zurück.

Im gleichen Maße wie der Sieg bei Roosebeke die Position des Königs von Frankreich gestärkt hatte, sah die Regierung Richards II. ihr flandrisches Operationsfeld bedroht und geschwächt. Als Reaktion bereitete man einen Feldzug gegen den Grafen von Flandern vor, den der Bischof von Norwich, Henry Despenser, als Kreuzzug für die Sache Urbans VI. ausgab. Am 23. Februar 1383 stimmte das Parlament in Westminster diesem frommen Vorhaben zu, wobei mancher mehr den englischen Wollexport im Sinn hatte und die Kurie Urbans VI. an den Finanzplatz Brügge dachte, über den sie ihre Transaktionen nach England und Skandinavien abwickelte. Obwohl es Zweifel an den militärischen Fähigkeiten des Bischofs von Norwich gab und viele sich fragten, warum die bislang zur Obödienz Papst Urbans gehörenden Flandrer nur wegen ihrer Niederlage gegen den König von Frankreich plötzlich geschlossen auf der Seite Clemens' VII. stehen sollten, drang das mehrere tausend Mann starke englische Heer im Mai 1183 von Calais kommend in Flandern ein, durchzog als Vorhut des geplanten großen Feldzuges die gesamte Küstenregion und belagerte Ypern. Der Graf von Flandern war sehr überrascht, sich plötzlich im Krieg mit Richard II. zu sehen, und wandte sich um Hilfe an den Hof Karls VI., mithin an den Herzog von Burgund. Als dieser am 15. August eine große Armee schwerer Reiter und Fußkämpfer bei Arras zum Gegenstoß versammelte, zogen sich die Invasoren zurück, und der englische Hof gab den Feldzugsplan bald danach endgültig auf. Verhandlungen führten zu einem kurzen Waffenstillstand, der vom 26. Januar 1384 bis zum 1. Mai 1385 dauern sollte.

Unmittelbar nach Ablauf dieser Frist stellte die französische Regentschaft zwei Landungsarmeen zum Angriff auf England bereit. Olivier de Clisson sollte aus dem Mündungsgebiet der Themse nach London vorstoßen, der Admiral Jean de Vienne von Schottland her angreifen. Beides scheiterte schon im Ansatz an der schwachen Unterstützung durch die verbündeten Flandrer und Schotten, so daß Clisson gleich auf dem Kontinent blieb; Jean de Vienne kam immerhin über See, aber seine Aktionen in der Grafschaft Durham waren unbedeutend und provozierten lediglich einen kräftigen englischen Gegenfeldzug nach Schottland, der zur Einnahme Edinburghs führte.

Die englische Regentschaft nutzte die Lage nicht, vielmehr verließ Herzog Johann von Lancaster England im Mai 1386 und begab sich nach Spanien, um seinen Anspruch auf den kastilischen Königsthron zu verfechten, den er durch seine Ehe mit der Tochter des 1366 von Du Guesclin gestürzten Königs Peter I. erworben zu haben glaubte. Weil er dafür Truppen mit sich führte, schwächte er die Verteidigungsbereitschaft der Insel, so daß der französische Hof im Spätsommer des Jahres wiederum eine Flotte von mehreren hundert Schiffen versammelte, mit denen eine Armee von 15 000 schweren Reitern und Fußtruppen über den Kanal gebracht werden sollte, dazu eine kleine Festung aus hölzernen Fertigteilen zur Sicherung des ersten gewonnenen Brückenkopfes. Ehe jedoch der Planungsstab alle Bedenken gegen das Unternehmen zerstreut und die Vorbereitungen abgeschlossen hatte, waren die Herbststürme gekommen, und die Invasion mußte auf das folgende Jahr verschoben werden. Diesmal sollte sie von Harfleur an der Seinemündung ausgehen, aber der als Oberbefehlshaber vorgesehene Olivier de Clisson geriet in die Gefangenschaft Herzog Johanns IV. von Bretagne, und es gab offenbar niemanden, der ihn ersetzen konnte.

In diesen Jahren nutzte der Herzog von Burgund nicht nur die finanziellen und militärischen Mittel der Krone für eigene Zwecke, sondern traf auch folgenreiche Entscheidungen über die persönlichen Verhältnisse des Königs. Auf Veranlassung Philipps des Kühnen heiratete Karl VI. im Juli 1385 Elisabeth von Bayern-Ingolstadt aus dem Haus Wittelsbach, das auch im Hennegau und in Holland regierte, so daß der Herzog hoffen konnte, mit *Isabeau de Bavière* als Königin von Frankreich eine Stütze für seine eigene Herrschaft in den Niederlanden zu bekommen und gleichzeitig die Ehe der Tochter Kaiser Karls IV. mit Richard II. politisch zu neutralisieren. In der Annahme, Isabeau werde ein williges Werkzeug seiner niederländischen Expansionspolitik werden, sollte Philipp der Kühne sich allerdings täuschen. Gegen seinen übermächtigen Einfluß regte sich Widerstand, der in erster Linie vom Connétable Olivier de Clisson und Karls jüngerem Bruder Ludwig ausging, die so energisch auf selbständige Herrschaft des Königs drängten, daß Karl VI. Ende Oktober 1388 den Regentschaftsrat auflöste. Für vier Jahre kamen die alten Berater Karls V. zurück und arbeiteten an einer Reform des Steuerwesens, aber im Sommer 1392 stürzte die französische Monarchie in eine Katastrophe, die sie für Jahrzehnte lähmen und den weiteren Verlauf des Krieges bestimmen sollte.

Am 5. August 1392 brach Karl VI. unter dem ersten Schub einer bis heute medizinisch nicht sicher bestimmten Geisteskrankheit zusammen, die ihn periodisch regierungsunfähig machte, aber immer wieder von Zeiten klaren Bewußtseins unterbrochen wurde. Deshalb setzte man den physisch gesunden, hochtrainierten und noch dreißig Jahre lebenden König nicht ab, aber die Herrschaft der Herzöge begann aufs neue, und diesmal nahm Karls Bruder Ludwig, seit kurzem Herzog von Orléans, den ersten Platz ein. 1389 hatte Ludwig Valentina Visconti geheiratet, die Tochter des Herzogs von Mailand, und seither wiesen seine politischen Ambitionen nach Italien, wo die Päpste und große Stadtkommunen wie Florenz und Genua französische Unterstützung suchten. Philipp von Burgund tat alles, um Ludwigs Pläne zu stören, und die Rivalität der Herzöge schadete nicht nur dem Land, sondern wirkte sich auch auf die Beziehungen zum englischen Hof aus.

Seit 1389 hatte es Verhandlungen gegeben, um einen Friedensschluß herbeizuführen, doch Richard II. wollte Calais auf keinen Fall herausgeben und das Herzogtum Aquitanien dauerhaft seinem Onkel Johann von Lancaster übertragen. Ludwig von Orléans sah den einzigen Ausweg aus dem Dilemma in neuen Kriegsrüstungen, während Philipp der Kühne für seine importabhängigen und auf gute Wirtschaftsbeziehungen mit England angewiesenen flandrischen Landesteile Frieden brauchte.

6. Bourguignons und Armagnacs
(1392–1420)

Die gegensätzlichen Positionen der Herzöge von Burgund und von Orléans sollten sich in den folgenden Jahrzehnten bis zur militärischen Auseinandersetzung steigern, zum Krieg im Krieg. Philipp der Kühne hatte von seinem Vater Johann II. außer dem Herzogtum die Würde eines Königsstellvertreters in Burgund erhalten, und sein Bruder Karl V. erweiterte dieses Vikariat um den Raum der Diözesen Lyon und Langres, die Champagne, die Picardie und die Normandie. Kaiser Karl IV. hatte Philipp mit der zum Reich gehörenden Grafschaft Burgund belehnt, doch sollte er sie erst nach dem Tod der dort noch regierenden Margarethe von Artois übernehmen, der Mutter des Grafen von Flandern. Seinen Interessen in Flandern diente auch Philipps 1369 geschlossene Ehe mit Mathilde, der jungen Witwe seines Vorgängers Philipp de Rouvre, denn diese war die einzige Tochter des Grafen von Flandern und hatte fünf Grafschaften als Erbe zu erwarten: Flandern, Rethel und die Hälfte von Nevers durch ihren Vater; Burgund, Artois und die andere Hälfte von Nevers durch ihre Großmutter Margarethe von Artois.

An der Peripherie Frankreichs begann damit ein Machtblock zu entstehen, der im Laufe der Zeit politische Eigendynamik entwickelte, doch lange wirkte das Auftreten Philipps des Kühnen befriedend und ebnete Karl V. den Weg für seine Konsolidierungspolitik. Der Herzog von Burgund war stets in die Pläne und Projekte des Königs eingeweiht, kannte und umwarb die hohen Kronbeamten, baute seine eigene Verwaltung nach dem so erfolgreichen königlichen Vorbild aus. Während seiner Feldzüge zur Niederschlagung des flandrischen Aufstandes 1382 und zur Abwehr des englischen Angriffs 1383 hat er das Land und seine Bewohner möglichst geschont, um sich denen als

Schutzherr zu empfehlen, die ihn noch immer als Vertreter einer den flandrischen Städten gegenüber feindlichen französischen Krone und des Hauses Valois sahen. In Frankreich selbst wurde die zunehmend eigenständige, fürstliche Maße weit übersteigende Macht Philipps schon mit Argwohn und Skepsis betrachtet, denn aus der Verbindung Flanderns mit dem Herzogtum Burgund konnte leicht ein neues Reich entstehen, und bald meinte der Name «Burgund» tatsächlich nicht mehr nur das französische Herzogtum, sondern die Gesamtheit aller von Philipp dem Kühnen und seinen Nachkommen beherrschten Territorien. Als Fernziel lockte die territoriale Verbindung der burgundischen Ober- und Niederlande, doch sie war nur bei klugem Handeln in einem komplexen Beziehungsfeld möglich, das die von Philipp zeitweise faktisch ausgeübte, immer aber stark bestimmte Regierung Frankreichs ebenso einschloß wie den englischen Kriegsgegner, mit dem so bald wie möglich Frieden zu schließen war.

Im Sommer 1394 begann eine neue Phase der Beziehungen zwischen England, Frankreich und Burgund, als der englische Hof nach dem Tod Annas von Böhmen, der Gemahlin Richards II., eine Heiratsverbindung zwischen Richard und Isabella vorschlug, der damals sechsjährigen Tochter Karls VI. Die Unterhändler einigten sich schnell, vor allem auf Initiative Philipps des Kühnen, der hier die Chance zum Frieden für Flandern sah, und so schloß man im Oktober 1396 einen Waffenstillstand, dessen Terminierung auf achtundzwanzig Jahre ziemlich unrealistisch war, aber den ernsthaften Friedenswillen beider Seiten signalisieren sollte. Am 4. November 1396 konnte in Calais die Hochzeit Richards mit Isabella gefeiert werden, und der Waffenstillstand wurde eingehalten, bis sich seine Voraussetzungen durch einen Umsturz in England änderten. Die zunehmend unberechenbare Regierungsweise Richards II. hatte eine Opposition gestärkt, die von Heinrich Bolingbroke geführt wurde, dem Sohn Herzog Johanns von Lancaster. Als Johann im Jahre 1399 starb, zog Richard dessen Güter ein, so daß Heinrich Bolingbroke offen um sie kämpfen mußte und dabei aufs Ganze ging. Er nahm den König gefangen, ließ ihn durch ein Parlament absetzen und sich selbst als neuer König Heinrich IV. bestätigen.

Mit der Herrschaft des Hauses Lancaster begannen neue Ziele des englischen Hofes den Krieg zu bestimmen. Nachdem Richard II. Anfang 1400 unter bis heute nicht geklärten Umständen in der Gefangenschaft Heinrichs IV. ums Leben gekommen war, holte der französische Hof Isabella nach Frankreich zurück, und bald darauf begannen neue Kriegshandlungen, wobei sich die Kräfte der französischen Monarchie als deutlich reduziert erwiesen. Die Ambitionen der Herzöge hatten das Land einem Territorialisierungsprozeß unterworfen, der konzentrierte Aktionen immer seltener zuließ. Die Zentralverwaltung arbeitete nirgendwo mehr unbehindert, und während der Krankheitsphasen Karls VI. steigerte sich die Rivalität der Herzöge, weil Philipp von Burgund gemeinsam mit Königin Isabeau die Bedeutung Ludwigs von Orléans im Regentschaftsrat mindern wollte. Durch geschickte Verheiratung seiner Kinder und Enkel sicherte Philipp die Grenzen der Grafschaft Burgund, mehrte Besitz- und Herrschaftsrechte in den Niederlanden und sorgte für enge Bindung an das Königshaus, damit die Verwaltung der burgundischen Länder auch den Nachkommen durch ihren Einfluß auf die Krone erleichtert werde.

Obwohl diese Handlungsweise zielstrebig und konzeptgeleitet erscheint, ist schwer zu bestimmen, von welchem Zeitpunkt an der Wille zu burgundischer Eigenstaatlichkeit die Entscheidungen lenkte, denn vieles war Reaktion auf Sachzwänge und plötzlich sich ergebende günstige Gelegenheiten. Am Ende des 14. Jahrhunderts besaß Philipp der Kühne im Süden das Herzogtum Burgund, die Grafschaften Nevers, Burgund und Charolais sowie die Vizegrafschaft Auxonne und Teile der Champagne; im Norden die Grafschaften Flandern, Rethel und Artois. Nur das Herzogtum Burgund regierte er von seiner Hauptstadt Dijon aus selbst, alle anderen Gebiete ließ er durch zuverlässige Beauftragte verwalten, beteiligte die Einwohner durch Ständeversammlungen und suchte die Einheit über Behörden herzustellen.

Am 27. April 1404 starb Philipp der Kühne und hinterließ seinem Sohn Johann, der 1396 den großen Kreuzzug gegen die Türken angeführt hatte und seither den Beinamen *Sans Peur* trug, «Ohnefurcht», ein schon wohlorganisiertes, reiches Herrschaftsgebiet. Anders als sein Vater, der nur Französisch sprach und in Flandern zeitlebens einen Dolmetscher brauchte, hatte Johann schon als Kind Flämisch gelernt und ging geschickt auf das empfindliche Sonderbewußtsein seiner nördlichen Untertanen ein. Im August 1408 schloß er im Interesse der flandrischen Wirtschaft einen Vertrag mit Heinrich IV. über den Frieden auf See nördlich der Somme-Mündung. Andererseits scheute er den Konflikt nicht, war gut auf ihn vorbereitet und hatte sich auch theoretisch mit dem Krieg beschäftigt. Der einzige erhaltene Schlachtplan des Mittelalters geht auf ihn zurück, das genau ausgearbeitete Konzept eines Aufmarsches gegen Paris. Damit entsprach er einer Zeittendenz, und ihr folgend ließ er unter dem Titel *Enseignemens et ordenances pour un seigneur qui a guerres et grans gouvernemens a faire* («Unterrichtungen und Anweisungen für einen Herrn, der Kriege und bedeutende Regierungsgeschäfte zu führen hat») ein Lehrbuch übersetzen, das der Sohn des byzantinischen Kaisers Andronikos II. um 1327 verfaßt hatte. Johanns Heer bestand im Kern aus Adelsaufgeboten des Herzogtums und der Grafschaft Burgund sowie des Artois, verstärkt durch Verbündete aus Lothringen, der Bretagne, Frankreich und Savoyen. Flandern trat demgegenüber zurück, weil die bürgerlichen Milizen zuerst an die Verteidigung ihrer eigenen Stadt dachten und weitergehende Dienste lieber durch Geldzahlungen ablösten. Soldtruppen ergänzten das von einem Marschall befehligte und einheitlich unter dem Andreaskreuz kämpfende Heer, in dem die leichten Reiter immer größere Bedeutung erhielten, und schließlich nutzte Johann Ohnefurcht systematisch Artillerie, wie sie die Engländer schon bei Crécy 1346 eingesetzt hatten, damals allerdings eher als Mittel der psychologischen Kriegführung, denn die praktische Wirkung der primitiven Geschützrohre war unerheblich. Johann dagegen arbeitete ständig an der Verbesserung dieser Waffe, setzte einen eigenen Artilleriemeister ein und kaufte 1413 bei einem Pariser

Händler 10 000 Pfund Pulver, Salpeter und Schwefel. Es gab demnach mittlerweile solche Handelskapazitäten für Sprengstoff und demzufolge großen, steigenden Bedarf. 1430 ließ Johanns Sohn Philipp der Gute bei der Belagerung von Compiègne 17 000 Pfund Pulver verschießen. Wie alle Armeen der Zeit existierte auch die burgundische nur im Kriegsfall und wurde in Friedenszeiten bis auf Burgbesatzungen und eine kleine Garde des Herzogs wieder aufgelöst.

Mit dem Tod Philipps des Kühnen war die burgundische Vorherrschaft am französischen Hof vorderhand zu Ende, denn während Johann Ohnefurcht noch mit der Regelung des Nachlasses seines Vaters beschäftigt war, nahm Ludwig von Orléans als Bruder des regierungsunfähigen Königs die leitende Position ein, vergab hohe Ämter an seine Leute und schrieb neue Steuern aus, mit denen er eigene Projekte finanzieren wollte. Damit verlor nicht nur der Herzog von Burgund die finanzielle Sicherung aus dem französischen Staatshaushalt, sondern mit ihm seine Hofchargen, das Verwaltungspersonal, die Aristokratie seiner Länder und viele andere. Es gab allerdings auch in der Hauptstadt eine starke burgundische Partei, die Johann ermutigte, im August 1405 mit Heeresmacht in Paris einzuziehen. Damit stand Frankreich vor dem offenen Bürgerkrieg, weil der Herzog von Orléans entschlossen war, die Stadt zurückzuerobern, und auf Vermittlungsvorschläge der Universität nicht einging. Als daraufhin unter der Pariser Bevölkerung Unruhe aufkam, verständigten sich beide Parteien am 16. Oktober auf Frieden, aber schon am 7. November hielt der berühmte Theologe Jean Gerson vor dem Königshof eine unter dem Titel *Vivat rex* denkwürdig gewordene Ansprache, in der er den Staat als organische Einheit von Fürst und Volk in gesetzlicher und gerechter Ordnung beschrieb, deren Zweck das Gemeinwohl sei. Deshalb sei der König nicht Herr des Staates, sondern Haupt eines Gesellschaftskörpers, dessen Glieder ohne Haupt ebensowenig existieren könnten wie das Haupt ohne Glieder, die auf je besondere Weise dem Ganzen dienten. Weil die gegenwärtige Realität diesem schönen Bild grob widersprach, lag die Frage nach den Gründen für die Störung der Harmonie nahe, und Gerson ließ

Johann Ohnefurcht, Herzog von Burgund (1404–1419)
Südniederlande, um 1450. Antwerpen, Koninklijke Museum voor
Schone Kunsten

keinen Zweifel, daß der Herzog von Orléans die Verantwortung dafür trüge.

Reden dieser Art bereiteten den Boden für einen bislang beispiellosen Vorgang, der erhebliche Konsequenzen haben sollte. Am 23. November 1407 wurde Ludwig von Orléans in Paris auf offener Straße ermordet, und zwei Tage später gab Johann Ohnefurcht vor den Herzögen von Anjou und von Berry zu, daß dies in seinem Auftrag geschehen sei. Ludwig war wenig beliebt gewesen und hatte niemals die Zuneigung der Pariser Bevölkerung gewinnen können, die zwar auch an den Abgabenforderungen Johanns Ohnefurcht Anstoß nahm, sich bisher aber eher für Burgund als für Orléans entschieden hatte. Nun aber drohte die Stimmung unter dem Eindruck des Attentats umzuschlagen, so daß der Herzog von Burgund nach Flandern auswich und dort den Ständen seine Sicht vortrug, die anschließend in Rundschreiben europaweit verbreitet wurde: Der Herzog von Orléans habe den König nicht unterstützt und damit gegen das Gemeinwohl verstoßen, so daß seine Ermordung ein Dienst an der Monarchie gewesen sei. Es folgten Verhandlungen mit dem Hof Karls VI., in denen Johann seine Tat so nachdrücklich rechtfertigte, daß er schon Ende Februar 1408 nach Paris zurückkehren konnte. Am 8. Mai trug der Universitätstheologe Jean Petit einer großen Versammlung von Mitgliedern des Königshofes, des Parlements, der Universität und der Bürgerschaft mehrere Stunden lang seine *Justification du duc de Bourgogne* vor, in der er mit vollem Einsatz der aristotelischen Logik den Nachweis zu führen suchte, daß dieses Attentat ein Tyrannenmord und damit richtig gewesen sei, denn Ludwig habe nach der Krone gestrebt und den König ermorden wollen, nachdem er ihn schon durch Hexenkünste krank gemacht hätte; die französische Monarchie wäre von ihm an den englischen Gegner und den schismatischen Papst verraten und vieler Gelder beraubt worden. Am nächsten Tag unterzeichnete Karl VI. den Gnadenbrief für Johann Ohnefurcht, mit dem der Herzog als vorläufiger Sieger aus dem Machtkampf hervorging, die beherrschende Stelle am Hof in der Nachfolge seines Vaters wieder einnehmen und für die nächsten drei Jahre in Paris residieren konnte. Während dieser Zeit stellte er sich mit Unterstützung der mächtigen Handwerkerkorporationen und der Universität als Staatsreformer dar, der die Korruption bekämpfen wollte, unter diesem Vorwand jedoch alle Anhänger des Hauses Orléans aus Regierung und Verwaltung drängte.

Inzwischen führte Karl von Orléans, der Sohn des ermordeten Herzogs, einen wirksamen publizistischen Feldzug gegen die burgundische Interpretation der Vorgänge und stützte sich dabei auf Rechtsgutachten. Er vereinte die Herzöge von Bourbon, Berry und Bretagne, die Grafen von Clermont und Alençon in einer Koalition, deren Führung sein Schwiegervater übernahm, Graf Bernhard von Armagnac; diese neu gegen die *Bourguignons* formierte Bürgerkriegspartei erhielt deshalb bald den Namen *Armagnacs*. Am 15. April 1411 kamen sie auf Schloß Gien an der Loire zusammen und beschlossen, eine Armee gegen Burgund aufzustellen und sich um die Neutralität des englischen Hofes zu bemühen. Obwohl das fehlschlug und nicht sie die Militärhilfe aus England erhielten, sondern Johann Ohnefurcht, begannen die Armagnacs im Sommer zwei Feldzüge, mit denen sie sowohl Paris erobern als auch Artois und Flandern angreifen wollten. Weil diese Ziele nicht gleichzeitig zu erreichen waren, scheiterte das ganze Unternehmen und der Schaden wurde durch einen Vertrag noch größer, den die Armagnacs 1412 in Bourges mit Heinrich IV. schlossen, denn nun galten sie als Verräter, da der Herzog von Clarence, zweiter Sohn Heinrichs IV., bald darauf von Cherbourg aus völlig ungehindert durch das Königreich Frankreich bis nach Bordeaux zog. Schon im August des Vorjahres hatte der König die Armagnacs ächten lassen, und anschließend exkommunizierte sie der Bischof von Paris. Um ihre Anhänger in der Hauptstadt einzuschüchtern und zu schwächen, förderte der Herzog von Burgund einen Aufstand, der unter Führung des Abdeckers Simon, genannt *Caboche*, am 28. April 1413 ausbrach und die Durchsetzung der Reformversprechen Johanns Ohnefurcht verlangte. Schon vier Wochen später erging im Namen des Königs eine von Universitätsgelehrten entworfene Verordnung, die *Ordonnance Cabochienne,* deren 258 Artikel ebenso präzis wie weltfremd fast alle Aspekte von Regierung und Verwaltung neu regelten.

Am Ende bewirkte der Aufstand freilich das Gegenteil dessen, was der Herzog von Burgund im Sinn gehabt hatte, denn angesichts der Schreckensherrschaft auf den Straßen taten sich Universität, Bürgerschaft und die Anhänger der Armagnacs zusammen und zwangen Johann Ohnefurcht, die Stadt am 23. August 1413 zu verlassen. Paris fiel an die Armagnacs, die sich erfolgreich um das Parlement und um die Universität bemühten, aber die Ordonnance Cabochienne sofort aufhoben, alle Parteigänger Johanns Ohnefurcht aus ihren Ämtern trieben und eine große Verfolgungswelle über die Bourguignons in der Stadt rollen ließen. Der Bürgerkrieg zeigte sein Schreckenspotential, und bis Ende 1413 hatte der Herzog von Burgund seine einst übermächtige Stellung in Frankreich nahezu verloren. Ein zweiter Flandernfeldzug der Armagnacs scheiterte allerdings vor Arras, und daraufhin intensivierten sich die anglo-burgundischen Beziehungen.

Am 20. März 1413 war Heinrich IV. gestorben und hatte die englische Krone seinem fünfundzwanzigjährigen Sohn Heinrich V. hinterlassen. Militärisch und politisch seit zehn Jahren erfahren, in Beratungen distanziert kalkulierend, als Truppenführer charismatisch, verfolgte der neue König von Anfang an das Ziel, die noch labile Position des Hauses Lancaster, das ja durch einen Staatsstreich an die Macht gekommen war, mit Erfolgen im Krieg auf dem Kontinent zu bessern: Revision des Friedens von Brétigny, Rückgewinnung der einst von Philipp II. eroberten angevinischen Gebiete und damit Wiederherstellung des Reiches Heinrichs II., Durchsetzung des seit 1328 erhobenen Anspruchs auf die Krone Frankreichs. Deshalb betonte Heinrich V., daß er ein Konkurrent des Hauses Valois sei, nicht aber ein Feind seiner künftigen Untertanen; ein Verteidiger des Rechts und des Friedens, der zum Zeichen dessen Katharina heiraten wolle, die Tochter Karls VI. Der innerfranzösische Konflikt lieferte ideale Voraussetzungen für ein solches Maximalprogramm, spaltete aber auch die englische Königsfamilie: Während Heinrich IV. mit den Armagnacs sympathisiert hatte, favorisierten der neue König und dessen Bruder, Herzog Johann von Bedford, Burgund; Freunde der Armagnacs blieben dagegen die anderen Brüder Heinrichs V., Herzog Thomas von Clarence und Herzog Humphrey von Gloucester. Dennoch führte ein anglo-burgundisches Treffen in Leicester im Mai 1414 zu einem Abkommen, das Heinrich V. die Voraussetzungen für einen Angriff brachte.

Obwohl die von den Armagnacs dominierte Regierung Karls VI. noch im Juni 1415 die Hand Katharinas angeboten hatte, dazu eine Brautgabe von 850000 Écu und den größten Teil Aquitaniens, landete Heinrich V. am 15. August mit 1400 Schiffen eine 12000 Mann starke Armee in der Seinemündung bei Harfleur. Die Stadt sollte erobert werden, um aus ihr ein zweites Calais zu machen, anschließend war ein Feldzug nach Norden geplant. Johann Ohnefurcht hielt sich abseits, verhandelte mit dem Hof Karls VI., wartete ab, schickte aber burgundische Edelleute zum Heer Karls VI. Weil die Belagerung Harfleurs sich über mehr als vier Wochen hingezogen hatte, sah Heinrich V. keine Aussicht mehr, den Feldzug vor Einbruch des Winters siegreich zu beenden, ließ seine Armee am 8. Oktober in Richtung auf Calais abmarschieren und wiederholte damit in gewisser Weise den Feldzug Eduards III. von 1346.

Am 24. Oktober sperrte das zahlenmäßig überlegene Heer Karls VI. in der flachen Ebene von Azincourt nordwestlich von Hesdin den Marsch der Engländer. Bei Dauerregen standen beide Armeen die Nacht lang auf schwerem Ackerboden einander gegenüber und beobachteten sich noch in den ersten Morgenstunden des folgenden Tages. Gegen den Rat des greisen Herzogs Johann von Berry, der bei Maupertuis die englischen Langbogen erlebt hatte, wichen die französischen Kommandeure der Schlacht nicht aus, sondern warteten ab, bis gegen elf Uhr der englische Reiterangriff auf breiter Front begann, unterstützt von weit ausgeschwärmten Bogenschützen, deren Pfeile die französischen Ritter so fest zusammendrängten und bewegungsunfähig hielten, daß sie ihre Waffen nur mühsam gebrauchen und von Heinrichs Reitern in den nächsten Stunden niedergemacht werden konnten. Geringen englischen Verlusten

Heinrich V., König von England (1413–1422)
National Portrait Gallery, London

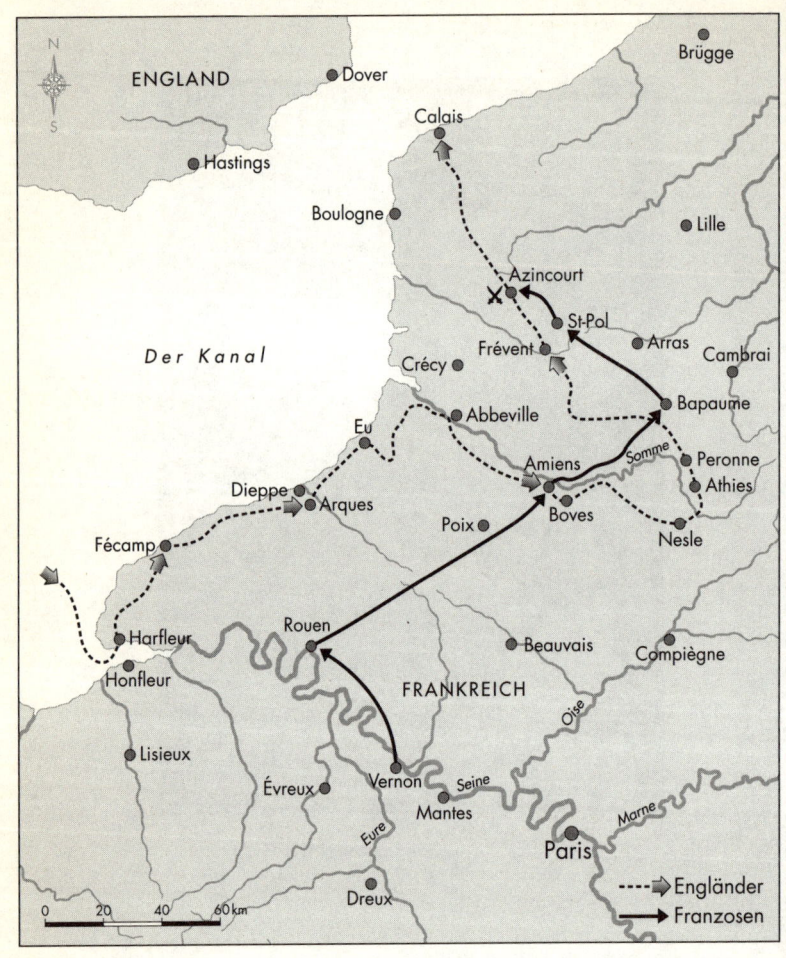

Der Feldzug Heinrichs V. 1415

standen tausende gefallener Franzosen gegenüber, darunter die beiden Brüder Johanns Ohnefurcht, Herzog Anton von Brabant und Graf Philipp von Nevers, ferner die Herzöge Johann von Alençon und Eduard von Bar, der Connétable Karl von Albret. Um die Schlacht nicht in Einzelgefechte ausfasern zu lassen, hatte Heinrich V. verboten, Gefangene zu machen, und angeordnet, auch übergabewillige Gegner zu töten. Nur wenige überlebten deshalb, darunter die Herzöge von Orléans und von Bourbon.

Die Katastrophe von Azincourt änderte nichts an den Beziehungen des französischen Königshofes zu Heinrich V., der am 16. November von Calais aus den Kontinent verlassen hatte, beschädigte aber das Prestige der französischen Ritterschaft noch schwerer als die Niederlagen bei Crécy und Maupertuis, verschob die Machtverhältnisse in Frankeich. Die Herzöge Karl von Orléans und Johann von Bourbon waren in Gefangenschaft; Bernhard von Armagnac hielt zwar Paris, hatte aber außer dem kranken König und der landfremden Königin kaum politische Ressourcen und suchte den Römischen Kaiser als Vermittler zu gewinnen. Sigismund traf sich auch mit den kriegführenden Parteien, ging dann aber auf die Seite des Stärkeren und schloß am 15. August 1416 im Vertrag von Canterbury ein Bündnis mit Heinrich V. Herr Frankreichs blieb Johann Ohnefurcht, der sich mit dem englischen König vor dessen Abreise in Calais getroffen hatte. Ohne daß ein förmlicher Vertrag geschlossen worden wäre, begannen im Sommer 1417 gleichzeitig ein englischer Feldzug in die Normandie mit dem Ziel dauerhafter Besetzung des Landes und ein burgundischer Angriff auf Paris. Fast alle Städte nördlich der Seine gingen freiwillig zu Johann Ohnefurcht über, wie ein Schock aber wirkte die Flucht der Königin Isabeau zum Herzog von Burgund. Mit ihm bildete sie eine Gegenregierung, die am 16. Februar 1418 das königliche Parlement und die Rechnungskammer für aufgelöst erklärte und beide Institutionen in Troyes von einem burgundischen Verwaltungsstab neu einrichten ließ. Dadurch wurde die Lage der Armagnacs in Paris kritisch, und in der Nacht vom 28. auf den 29. Mai 1418 öffneten burgundisch gesinnte Bür-

Grabplatte des Sir George Felbrigg
in der Kirche von Playford/Suffolk
(spätes 14. Jahrhundert)
Die in England überaus zahlreich verbreiteten gravierten Messingplatten *(brasses)* über Adelsgräbern sind erstrangige Quellen für zeitgenössische Bewaffnung und Heraldik. Sir George gehörte zum Gefolge Eduards III. und trägt einen vollständigen Plattenpanzer, der nur an den Arm- und Kniegelenken noch die ältere Kettengliedrüstung *(maille)* zeigt. Über dem kurzen, betont eng geschnittenen Wappenrock *(jupon)* sitzt ein sehr tief angebrachter Gürtel mit Dolch und Schwert.

ger eines der Mauertore, so daß Johann die Stadt besetzen konnte. Der Thronfolger Karl entkam noch rechtzeitig, während seine Anhänger in den nächsten Wochen brutal verfolgt und viele von ihnen ermordet wurden, darunter Graf Bernhard von Armagnac.

Dieser dritte Gewaltausbruch innerhalb weniger Jahre brachte Paris um seinen Ruf als Wirtschaftsmetropole. Die großen italienischen Bankhäuser zogen ihre Filialen aus der gefährlichen Stadt ab, deren Kaufmannschaft ebenso dezimiert worden war wie die Handwerkerkorporationen; viele Handelshäuser, Werkstätten und Betriebsvermögen waren vernichtet. Aber auch keine der Bürgerkriegsparteien fühlte sich in der Hauptstadt mehr sicher, so daß der Thronfolger mit seiner Armagnac-Regierung in Bourges residierte, Isabeau mit dem kranken König in Troyes. Diese Polarisierung des Landes schlug dem Herzog von Burgund freilich bald zum Nachteil aus. Den damals fünfzehnjährigen Thronfolger bedachten seine Berater mit dem Titel des Regenten von Frankreich und begründeten in Poitiers ein Parlement für die gesamte Monarchie, in Bourges eine Rechnungskammer, die im Namen Karls Einnahmen erwirtschaften konnte, weil außer dem Dauphiné und der reichen Stadt Lyon die Touraine und das Land um Bourges zu ihm hielten, ferner Auvergne, Berry, Bourbonnais und Languedoc; dazu konnte er sicher auf die Häuser Anjou und Orléans zählen, die nicht nur ihre Stammlande beherrschten, sondern auch nördliche Gebiete zwischen Aisne und Oise, von denen aus sie schon im Sommer 1418 und im Frühjahr 1419 Meaux, Compiègne und Soissons für ihren künftigen König Karl VII. eroberten.

Im Januar 1419 hatte Heinrich V. Rouen eingenommen und daraufhin mit beiden der französischen Parteien Bündnisverhandlungen eingeleitet, die sich über mehrere Monate hinzogen und schließlich an territorialen Forderungen des englischen Königs scheiterten, denen weder der Herzog von Burgund noch die Berater des Thronfolgers zustimmen mochten. Diese Eintracht in der Ablehnung regte zur Suche nach weiteren Übereinstimmungen zwischen Bourguignons und Armagnacs an, so daß ein Angriff Heinrichs V. auf das unweit von Paris gelegene Pontoise zur Verabredung einer persönlichen Begegnung zwischen dem Thronfolger und Johann Ohnefurcht führte. Auf Anregung Karls fand das Treffen am 10. September 1419 in Montereau statt, 88 Kilometer südöstlich von Paris an der Mündung der Yonne in die Seine. Mittelalterlichem Verhandlungsbrauch folgend wählte man die Brücke über den Flußlauf der Yonne als neutralen Ort und hatte in der Mitte Schranken errichtet, zwischen denen verhandelt werden sollte. Innerhalb dieser Barrieren griffen der Thronfolger und einige seiner Berater den Herzog von Burgund nach kurzem Wortwechsel an und erschlugen ihn mit Äxten. Der Vorgang ist im einzelnen widersprüchlich überliefert, denn Karl berief sich auf Notwehr nach spontan aufgeflammtem Streit, während die burgundische Seite sogleich ein sorgfältig geplantes Attentat unterstellte. Diese Version dürfte richtig sein, denn Karl gab seinen Mittätern hohe Pensionen und behielt sie in seinem Dienst. Eines der Motive wird Rache für den Mord am Herzog von Orléans gewesen sein, denn auch die Haltung des burgundischen Hofes in den nächsten Jahren zeigt, wie Streben nach Vergeltung geradezu Staatsräson werden konnte. Im übrigen war die Versuchung jederzeit groß, den innerfranzösischen Krieg durch Ermordung des gegnerischen Parteiführers zu beenden, und besonders die Anhänger des Thronfolgers rechneten für den Fall eines Sieges der Bourguignons und der Königin Isabeau mit Verfolgung als Hochverräter. Aber auch Karl selbst mußte um sein Leben fürchten und hatte gewiß das Ende Richards II. vor Augen, der in Gefangenschaft Heinrichs IV. zu Tode gekommen war. Johann von Burgund war für seine Härte bekannt, hatte schon den Herzog von Orléans umbringen lassen, und gewiß schien es ratsam, ihm zuvorzukommen.

Vier Tage nach dem Attentat auf seinen Vater hatte der Nachfolger, Philipp der Gute, in Gent die Todesnachricht erhalten, kurz darauf rief ihn der Hof Karls VI. nach Troyes, und Heinrich V. machte ihm ein neues Bündnisangebot. Mit seinen Beratern erwog der neue Herzog von Burgund die Chancen und Risiken solcher Konstellationen: Einerseits würde die enge Bindung Burgunds an den englischen König in Frankreich kritisiert werden und damit die Position des Thronfolgers stärken, andererseits käme mit der Anerkennung Heinrichs V. als König von Frankreich endlich der von vielen ersehnte Frieden. Die Pariser begrüßten schon ein anglo-burgundisches Vorabkommen, das zu Weihnachten 1419 die Blockade der Stadt aufhob. Heinrich V. bot Philipp dem Guten militärische Hilfe für einen Rachefeldzug gegen die Mörder seines Vaters an, während die burgundische Propaganda den französischen Thronfolger moralisch vernichten wollte und mit diesen Argumenten auch den Königshof in Troyes bearbeitete. Im März 1420 kam Philipp der Gute selbst dorthin, und im Laufe von acht Wochen entstand ein Vertragswerk, das die dynastische Ordnung Frankreichs und die europäischen Mächte tief berühren mußte: Karl VI. sollte auf Lebenszeit König bleiben und seine Tochter Katharina Heinrich V. heiraten, der damit zum Erben wurde; ab sofort, noch bevor der Erbfall eintrat und Heinrich V. zum König von Frankreich gekrönt war, durfte er in Vertretung Karls VI. als Regent Frankreichs alle Regierungsvollmachten wahrnehmen und den persönlichen Titel eines Herzogs der Normandie führen, die damit als Teil der englischen Monarchie anerkannt war. Heinrich und seine Nachkommen sollten England und Frankreich in Personalunion regieren, so daß jedes der beiden Reiche seine geltenden Rechte unversehrt behalten würde. Der französische Thronfolger Karl war wegen des Mordes am Herzog von Burgund zu ächten und zu enterben, seine jetzigen Anhänger zum Eid auf diese Vereinbarungen zu zwingen. Nachdem auch der englische König in Troyes eingetroffen war, beschwor man den Vertrag am 21. Mai 1420 in der Kathedrale.

Fünfzehn Jahre später, als der jetzt so erniedrigte Thronfolger als König Karl VII. auf der Straße des Sieges voranschritt, erstattete die Universität Bologna zum Vertrag von Troyes ein Rechtsgutachten, dessen Argumente die zahlreichen Kritiker schon 1420 vorgebracht hatten: Der kranke Karl VI. war regierungsunfähig und demnach nicht verfügungsberechtigt; man hatte das Recht des Thronfolgers mißachtet, obwohl in Frankreich die Primogenitur als einziges anerkanntes Nachfolgerecht zum Königsthron galt; seine Ankläger und Richter waren dieselben Personen. Wenn der Vertrag zunächst dennoch weithin akzeptiert wurde, so lag das an Friedenshoffnungen derer, die nicht unmittelbar von Einbußen an individuellen Rechten oder am Eigentum betroffen waren; auf die Dauer aber konnte das Abkommen keinen Bestand haben, weil es auf sehr persönlichen Entscheidungen der beteiligten Familien beruhte und damit von rechtlichen, politischen und mentalen Grundsätzen ausging, die sich alle in voller Auflösung befanden. Das althergebrachte dynastisch-feudale Denken hatte an Überzeugungskraft verloren und wich weitverbreitetem Zweifel am Verfügungsrecht der Herrscherhäuser über Reiche und Kronen. Doch selbst vor dem ehrwürdigen Recht der Dynastien konnte der Vertrag von Troyes nicht bestehen, denn er verstieß gegen den Grundsatz der Legitimität.

7. Die Jungfrau von Orléans
(1421–1431)

Bald nach Abschluß des Vertrages von Troyes kehrte Heinrich V. nach England zurück und durfte mit den Ergebnissen seiner Feldzüge zufrieden sein. Als Regent Frankreichs erwartete er die französische Krone, die Normandie war faktisch englisches Reichsgebiet geworden und sollte es für die nächsten Jahrzehnte bleiben; zur Sicherung ihrer Verbindung mit der Insel stationierte der König eine ständige Flotte von dreißig Kriegsschiffen im Seegebiet des Kanals.

Rasch aber flammten die Kämpfe wieder auf. Herzog Thomas von Clarence, einer der Brüder Heinrichs V., erlitt am 22. März 1421 bei Baugé im Anjou eine Niederlage und fiel in der Schlacht, so daß der französische Thronfolger an der Spitze einer beachtlichen Armee gegen Paris ziehen konnte. Heinrich kam nun selbst nach Frankreich zurück, um den verlorenen Boden wiedergutzumachen, erkrankte jedoch in der Phase erster Erfolge an der Ruhr und starb am 31. August 1422 in Vincennes bei Paris. Nur wenige Wochen später, am 21. Oktober 1422, starb auch Karl VI., so daß im Vollzug des Vertrages von Troyes der am 6. Dezember 1421 geborene und also kaum elf Monate alte Heinrich VI., als Erbe seines Vaters schon König von England, nun auch König von Frankreich wurde. Seine Vertretung übernahmen Brüder Heinrichs V., die Herzöge Humphrey von Gloucester als Regent in England, in Frankreich Johann von Bedford. Gleichzeitig riefen die Armagnacs den französischen Thronfolger als Karl VII. zum König aus. Wie die Christenheit zwei Päpste, so hatte Frankreich jetzt zwei Könige.

Deshalb setzte konsequentes Realisieren der in Troyes eröffneten politischen Möglichkeiten die Vernichtung Karls VII. voraus, was England auf die Dauer mehr kostete, als es leisten wollte, so daß die Doppelmonarchie zur innenpolitischen Belastung wurde. Rasch entstand ein drückendes Defizit, weil die in Frankreich erwirtschafteten Steuern dort auch verbraucht wurden, während die militärische Sicherung der Position auf dem Kontinent vom englischen Staatshaushalt getragen werden mußte. Das Parlament erwartete jedoch, daß die Lancaster-Herrschaft in Frankreich aus dem Lande selbst finanziert würde und bewilligte zwischen 1422 und 1429 keine Zuschüsse mehr. Auch der Herzog von Burgund sah den Vertrag von Troyes mittlerweile kritisch. Er hatte zwar die wesentlichen Pariser Regierungs- und Verwaltungspositionen mit seinen Leuten besetzen können, die wichtigen Entscheidungen fielen jedoch am englischen Hof. Johann von Bedford warb hingegen hartnäckig um Philipp den Guten, weil er dessen Unterstützung für seine Regentschaft in Frankreich brauchte, und bemühte sich erfolgreich um zwei wichtige Eheverbindungen mit dem Haus Burgund. Er selbst heiratete Philipps Schwester Anna und bewog den Herzog dazu, eine weitere seiner Schwestern, Margarethe, dem Grafen Arthur von Richemont zur Frau zu geben, einem Bruder Herzog Johanns VI. von Bretagne. Alsbald bewährten sich diese Bündnisse, denn anglo-burgundische Armeen siegten am 30. Juli 1423 bei Cravant südöstlich von Auxerre und am 17. August 1424 bei Verneuil-sur-Avre in der Normandie.

Inzwischen aber, und das hatten die Erfinder des Vertrages von Troyes nicht vorausgesehen, begann sich langsam eine wirkliche Gegenmacht zu formieren. Der burgundische Historiograph Georges Chastellain hat über den am 22. Februar 1403 als elftes Kind Karls VI. und der Königin Isabeau geborenen Karl VII. gesagt, daß seine Regierung aus elenden Anfängen zu einem glorreichen Ende gekommen sei, und tatsächlich war die in Troyes unter Mitwirkung seiner Mutter beschlossene Entrechtung nur der Höhepunkt in einer langen Folge böser Erfahrungen, die Karl auch künftig noch machen sollte. Unter dieser Last entwickelte sich eine schwierige Persönlichkeit, die von den Zeitgenossen ebenso wie von der Nachwelt stets kontrovers beurteilt worden ist. Sein Leben lang hielt Karl VII. mißtrauische Distanz zu Menschen und hatte auch, in der frühen Zeit besonders, guten Grund zur Vorsicht. Durch seinen Anspruch auf die

Krone Frankreichs war er legitimer Bezugspunkt aller Opponenten gegen die Herrschaft der anglo-burgundischen Usurpatoren, so daß ihn seine Umgebung, gewarnt durch die Attentate auf Ludwig von Orléans und Johann Ohnefurcht, sorgsam abschirmte. An Karls Hof in Bourges sammelten sich alle, die durch Bedford und die Bourguignons verdrängt worden waren und nun hofften, mit dem kommenden König von Frankreich ihr Glück zu machen: eine heterogene Gesellschaft, verbunden mehr durch eigene Interessen als durch selbstlose Loyalität. Gute Kenntnis der dichten Geflechte persönlicher Beziehungen läßt deshalb nicht nur die politischen Handlungsabläufe besser verstehen, sondern vielfach auch ihre Motive erkennen.

Im April 1422 heiratete Karl VII. Maria von Anjou, mit der er seit 1413 verlobt gewesen war, und besiegelte damit ein lange bestehendes Schutzbündnis, dem er seine politische Existenz, wahrscheinlich sogar sein physisches Überleben verdankte. Maria war die Tochter Herzog Ludwigs II. von Anjou, König von Neapel-Sizilien, und Yolandes von Aragón, die seit dem Tod ihres Gemahls im Jahre 1417 das Haus Anjou in Frankreich repräsentierte und seine Territorien regierte. Yolande hatte die Sache der Armagnacs schon frühzeitig unterstützt und wurde eine der wichtigsten Beraterinnen ihres königlichen Schwiegersohns, in dessen erstem Arbeitsstab Leute aus dem Kreis der Anjou vertreten waren; zeitlebens blieb der König seinem Schwager René verbunden, der als Herzog von Lothringen in der entscheidenden Phase des Krieges Bedeutung erlangen sollte. Yolande hatte bis zu ihrem Tod am 14. November 1442 Einfluß und großen Anteil am Konzept einer zunächst zögernd, später entschlossen verfolgten neuen Politik des Ausgleichs gegenüber Burgund mit dem Ziel, die englische Doppelmonarchie zu beseitigen.

Ein erstes Indiz für neue politische Vorstellungen darf in der Ernennung Arthurs von Richemont zum Connétable Karls VII. gesehen werden. Dieser Seitenwechsel Richemonts, der ja erst zwei Jahre zuvor Schwager des Herzogs von Burgund geworden war, ging auf Bemühungen Yolandes von Aragón zurück, die ihren Sohn Ludwig III. von Anjou im Oktober 1424 mit Isabella verlobt hatte, der Tochter Herzog Johanns von Bretagne. Im Juli des folgenden Jahres entließ Karl VII. dann jene Vertrauten, die am Attentat auf Johann Ohnefurcht beteiligt gewesen waren; ein starkes Signal an Philipp den Guten, vielleicht auf Wunsch des Herzogs von Bretagne gegeben und Voraussetzung für Richemonts Karriere am Hof von Bourges. Eine weitere Brücke zum Herzog von Burgund sollte Georges de La Trémoille bauen, der am Hof Johanns Ohnefurcht erzogen worden war und ihm bis 1407 als erster Kämmerer gedient hatte. Richemont und seine Protektorin Yolande von Aragón zogen ihn an den Hof in Bourges, doch vorerst scheiterten ihre Bemühungen am Frontwechsel des Herzogs von Bretagne und an der Begabung La Trémoilles zur Intrige. Im September 1427 nämlich schloß Johann von Bretagne einen Vertrag mit Heinrich VI. und band sich mitsamt seinem Herzogtum damit wieder fest an die englische Krone. La Trémoille nahm das zum Anlaß für eine Kampagne gegen Arthur von Richemont, dem der Hof von Bourges nicht mehr trauen dürfe, sei er doch nicht nur ein Bruder des Herzogs von Bretagne, sondern auch Schwager des Herzogs von Burgund. Das genügte, um den Connétable zu stürzen und mit ihm eine ganze Hofpartei.

Solcherlei Gruppenkämpfe in seiner Umgebung sind für die Anfänge Karls VII. typisch und haben die Wechsel und Windungen der Politik bestimmt, andererseits beruhte die Herrschaft des noch ungekrönten Königs auf seiner Kunst, mit den einen gegen die anderen zu spielen, durch Förderung Hoffnung zu wecken und Ehrgeiz auszunutzen, Erfolgreiche gelegentlich fallenzulassen. Niemals durfte er sich loyal an eine Fraktion binden, wenn er nicht mit ihr scheitern wollte, vielmehr mußte er den Wirrwarr regionaler Streitfälle im Blick haben und keinen der vielen kleinen Kriege im Schatten des großen zu seiner persönlichen Sache machen. Unter den Augen derer, die ihm zu dienen vorgaben und sich dabei auf Tod und Leben bekämpften, zwischen den antagonistischen Gruppen und Clans, konnte Karl sich nur behaupten, wenn er allein blieb. Im Grunde durchlebte ganz Frankreich einen so labilen Zustand, weil persönliche Entscheidungen eines regionalen Machthabers ganze Bündnisse umgestalten konnten; wer politisch einigermaßen handlungsfähig war, ordnete sich einem möglichst verläßlichen Machtzentrum zu, geriet jedoch vor allem dann in den Sog der Konkurrenten, wenn er an der Peripherie mehrerer Einflußzonen lebte.

Heinrich VI. stützte sich auf die Normandie, den nördlichen Teil der Grafschaft Maine und auf die Guyenne, dazu auf die 1420 erworbenen Positionen im Pariser Becken und im Gebiet von Chartres, auf Champagne, Brie und Picardie sowie auf Calais und betrieb von dort aus mit Hilfe der verbündeten Herzöge von Burgund und Bretagne seine allgemeine Anerkennung als König von Frankreich. Karl VII. dagegen hielt den größeren Teil Aquitaniens und hatte durch eigene Rechte oder Bündnisse Anjou, Touraine, Berry, La Marche, Bourbonnais, Auvergne, Velay, Forez, Dauphiné und Languedoc an sich gebunden. Der Herzog von Burgund, als einziger der drei auf Frankreichs Boden kämpfenden Herrscher in seiner Legitimität unbestritten, trieb im Schatten des großen Konflikts und im Schutz des englischen Bündnispartners die politische Integration seiner Erblande weiter voran und machte sogar neue Erwerbungen, darunter die Grafschaft Namur und die Grafenrechte über Hennegau, Holland, Seeland und Friesland.

Mit der allmählichen Verlagerung des Schwerpunktes seiner Herrschaft in die Niederlande bekam Philipp der Gute die Konkurrenz der aufstrebenden englischen Tuchindustrie mit den flandrischen Webereien zu spüren, doch die zunächst langsame, dann deutliche Entfremdung gegenüber dem englischen Hof ergab sich nicht so sehr daraus und auch nicht aus der bitteren Erinnerung des burgundischen Adels an die Katastrophe von Azincourt. Ausschlaggebend war vielmehr der Anspruch Herzog Johanns von Bedford als Regent Frankreichs auf die Oberhoheit auch über Herzog Philipp von Burgund, dessen Teilhabe an der Regierung und am französischen Staatsvermögen er nicht mehr hinnehmen wollte. Hier machte sich die englische Kritik an den übergroßen Kosten der Doppelmonarchie bemerkbar, die keine Zahlungen an den Herzog von Burgund mehr erlaubte und dazu die Frage aufwarf, ob denn eine nur teilweise Besetzung Frankreichs auf die Dauer ökonomisch vertretbar wäre. Von hier aus

Philipp der Gute, Herzog von Burgund (1419–1467)
Kopie (um 1470) nach Rogier van der Weyden. Dijon,
Musée des Beaux Arts

war es nur ein Schritt bis zur Formulierung der Alternative: Entweder vollständige Eroberung oder schneller Abzug.

Derartige Erwägungen mußten die Position der englischen Regentschaft auch bei denen untergraben, die den 1420 vereinbarten Zustand im Prinzip guthießen, denn sie handelten als Bourguignons und Feinde der Armagnacs, nicht aber aus Begeisterung für das Haus Lancaster. Besonders Paris war ganz auf Burgund ausgerichtet. In den Leitungsgremien von Verwaltung, Rechtsprechung, Kirche und Universität saßen noch die Leute Johanns Ohnefurcht; man nahm die Doppelmonarchie hin, weil sie den Frieden sicherte, und fragte nicht viel nach Karl VII. und Heinrich VI. Ein neues Ausbrechen des Krieges auf Veranlassung Bedfords würde jedoch die Indifferenz der öffentlichen Meinung in Feindschaft gegen die englische Regentschaft umschlagen lassen, denn mittlerweile hatte der Krieg seine ursprüngliche Motivation im kollektiven Bewußtsein der Franzosen längst verloren. Sie beklagten nicht so sehr den Zusammenbruch jeder öffentlichen Ordnung in weiten Teilen des Landes, sondern sie bildeten sich ihre Meinung aus individuellem Erleben der Schrecken des Krieges und aus der moralischen Verzweiflung mehrerer Generationen. In dieser Situation begann der Herzog von Bedford seinen Großangriff.

Strategisches Ziel war die Wegnahme der Lebensgrundlage des Hofes von Bourges durch Eroberung von Maine und Anjou. Diese Aufgabe war dem Grafen von Suffolk übertragen, der Ende September 1423 mit den Operationen begann, aber so geringe Erfolge hatte, daß Bedford den Oberbefehl für das nächste Jahr selbst übernahm. Trotz des Sieges bei Verneuil gelang auch ihm der Durchbruch nicht; 1425 wurde zwar Le Mans erobert, die Belagerung des Mont Saint-Michel aber blieb vergeblich, und 1427 gab es sogar einen Lichtblick für Karl VII., als Johann Graf von Dunois, ein illegitimer Sohn Herzog Ludwigs von Orléans, den Grafen von Warwick bei Montargis schlagen konnte. Weil die englische Armee als Invasions- und Angriffstruppe den auf Heimatverteidigung eingerichteten französischen Verbänden gleichwohl überlegen war, nicht so sehr an Zahl, wohl aber an Disziplin und Kampfkraft, entschied der Kriegsrat Johanns von Bedford im Sommer 1428, bei Orléans die Loire zu überschreiten und anschließend Karl VII. aus Bourges zu vertreiben. Außer einem kleinen burgundischen Kontingent waren dafür nur etwa 3500 schwere Reiter und berittene Bogenschützen verfügbar. Am 12. Oktober 1428 erreichte Thomas von Montagu, Graf von Salisbury, das Umland von Orléans und zog einen weiten, halbkreisförmigen Belagerungswall, dessen Sehne die Loire bildete. Karl VII. hatte nach dem Sturz Richemonts keinen Truppenführer mehr, der den englischen Feldkommandeuren gleichwertig gewesen wäre, und nachdem die Engländer am 21. Oktober am linken Ufer der Loire einen Brückenkopf gebildet hatten, konnten sie den Nachschub für die Stadt unterbrechen und abwarten. Im Frühjahr 1429 war die Versorgungslage in Orléans dann so schwierig geworden, daß die Bürgerschaft die Vermittlung Philipps des Guten suchte und anbot, sich ihm zu unterwerfen, wenn Bedford mit seinen Truppen abzöge. Bedford lehnte das ab, denn er hatte erfahren, daß auch der von Intrigen und Meinungsverschiedenheiten schwer erschütterte Hof von Bourges aufgeben wollte und schon nach einem Exil suchte. In dieser Lage wurde Karl VII. ein junges Mädchen zugeführt, das ihm nicht nur die Befreiung von Orléans versprach, sondern auch die Krönung zum König von Frankreich am rechten Ort, in Reims.

Jeanne d'Arc, Tochter eines lothringischen Bauern, war damals etwa achtzehn Jahre alt. Ihr Heimatdorf Domrémy lag im Grenzgebiet der Herzogtümer Bar und Lothringen, im heutigen Département Vosges, und gehörte zum Burgbezirk Vaucouleurs, den Robert de Baudricourt für Karl VII. verwaltete. Erst 1428 machte die Gegend mit dem Krieg Bekanntschaft, als anglo-burgundische Truppen sie heimsuchten, und im Mai desselben Jahres sprach Jeanne erstmals von ihrem Auftrag. Schon seit ihrem dreizehnten Lebensjahr, so gab sie später zu Protokoll, habe sie regelmäßig Stimmen gehört, und auf drängendes Befragen nannte sie die heiligen Katharina und Margaretha sowie den Erzengel Michael als Übermittler der göttlichen Botschaft, daß sie auserwählt sei, die Engländer aus Frankreich zu vertreiben und den König zur Krönung zu führen. Im Februar 1429 brachten zwei Ritter aus Vaucouleurs im Auftrag Baudricourts die von ihren Auditionen geleitete junge Frau an den Hof Karls VII. auf die Burg von Chinon an der Vienne.

Obwohl an den Höfen der Großen damals immer wieder charismatisch begabte Frauen auftraten, die in der Not des Krieges Hilfe versprachen, bleibt doch die Frage, wie das Bauernmädchen vom äußersten Rand des Reiches bis zum Hof Karls VII. vordringen konnte. Ohne vorbereitende persönliche Beziehungen wäre das kaum möglich gewesen, und hier weist manches auf Vermittlung durch das Haus Anjou. Zu Anfang des Jahres 1429 nämlich hatte der schwererkrankte Herzog Karl von Lothringen, Schwiegervater Renés von Anjou, von der übernatürlichen Begabung Jeannes gehört und sie zu sich nach Nancy holen lassen, allerdings nur moralische Belehrungen von ihr bekommen. Der Empfang am lothringischen Hof steigerte jedoch das Ansehen der Jungfrau, über die mittlerweile in der ganzen Region gesprochen wurde, so daß Baudricourt sie vom Ortspfarrer exorzisieren ließ, um die Güte ihrer Auditionen festzustellen. Als sich zeigte, daß sie nicht von Dämonen besessen war, ließ er sie ziehen, und in Chinon wurde sie nicht abgewiesen, doch mehreren Prüfungen unterzogen.

Für die Zeitgenossen waren Wunder Realitäten, aber ihr Ursprung mußte nicht immer gut sein. Niemals durfte jemand behaupten können, der König von Frankreich verdanke militärische Erfolge, denen immer auch die Qualität des Gottesurteils zukam, einer vom Teufel besessenen Hexe. Doch selbst dann, wenn böse Mächte ausgeschlossen waren, hatte die Kirche mit Charismatikern ihre Schwierigkeiten, denn wer direkten Kontakt zu Heiligen und Engeln hatte, brauchte die Vermittlung der Heilsanstalt nicht mehr und wußte das meist auch. Diese Selbstgewißheit wiederum galt als *superbia*, die Todsünde des Hochmuts, und das sollte im Prozeß gegen Jeanne d'Arc noch Bedeutung erlangen. Deshalb wurde das Mädchen von einer Theologenkommission eingehend befragt und für rechtgläubig befunden; anschließend verschafften sich Damen des Hofes unter Leitung Yolandes von Aragón Gewißheit, daß Jeanne kein verkleideter junger Mann, sondern eine intakte Jungfrau war und schon deshalb keinen Umgang mit dem Teufel gehabt haben konnte. Nun brauchte man nur noch das letzte Beweisstück für ihre göttliche Sendung: Die Aufhebung der Belagerung von Orléans.

Am 22. März 1429 diktierte Jeanne d'Arc in Poitiers einen Brief an die Engländer, mit dem sie Heinrich VI., den Herzog von Bedford sowie die Kommandeure Suffolk, Talbot und Scales aufforderte, sich ihr, der gottgesandten Jungfrau, zu ergeben, ihr die Schlüssel aller besetzten französischen Städte auszuliefern und nach England zurückzukehren. Dann könne sie als Vertreterin des wahren königlichen Gebluts Frieden versprechen, im anderen Fall aber werde sie als Feldherr auftreten und jeden umkommen lassen, der Widerstand zu leisten wage. Im folgenden weitete sich der Brief zum Manifest eines gerechten und deshalb totalen Krieges aus, zur Verkündung eines Maximalprogramms, mit dem die Jungfrau den Hof Karls VII. überzeugt hatte, weil es dessen eigenen Zielen und Vorstellungen entsprach: Karl sei durch Gottes Willen der wahre Erbe des französischen Königreiches und werde mit großem Gefolge in Paris einziehen; wenn Heinrich VI. dieser durch Jeanne vermittelten Offenbarung Gottes keinen Glauben schenke, werde ein Krieg über ihn hereinbrechen, wie ihn Frankreich seit tausend Jahren nicht gesehen hätte und den die Engländer nicht gewinnen könnten, weil er ein Gottesurteil sei. Durch diese mitreißende Energie und die ersten großen Erfolge im Feld veränderte Jeanne d'Arc den Krieg. Von jetzt an hatte er religiöse Qualität, weil Gott auf der Seite des Königs von Frankreich stand, den zu bekämpfen infolgedessen ein widergöttliches Handeln sein mußte. Das mehrfache Wiederholen solcher Hinweise auf die Jungfrau als Vermittlerin dieser Gewißheit zeigt, daß Karl VII. mit seinen Beratern durchaus bereit war, sich theologisch zu exponieren, um eine Massenbewegung zu entfesseln und aggressive Volksfrömmigkeit militärisch auszunutzen. Das Risiko war allerdings hoch, denn im Falle erfolgloser Feldzüge würde sich die Propaganda gegen ihre Urheber kehren.

Zunächst aber kam das erhoffte Mirakel von Orléans. Am 4. Mai begann der Angriff auf die Belagerer, wobei die Jungfrau in vorderster Linie kämpfte und durch den Bolzen einer Armbrust verwundet wurde. Schon vier Tage darauf zogen die Engländer ab, und weit über den militärischen Erfolg hinaus sollte das Ereignis auf die Moral der Franzosen wirken. Orléans wurde zum Kristallisationspunkt für Tendenzen, die seit langem wirkten und sich nun recht unvermittelt artikulierten. Schriftsteller wie Alain Chartier hatten schon seit Jahren die Einheit der Franzosen gegen den englischen Usurpator beschworen, und die große Dichterin Christine de Pisan bekannte sich 1429 offen zu Jeanne d'Arc. Weil die Jungfrau den einfachen Soldaten davon überzeugt hatte, daß er mit ihr siegen könne, wurde sie zur Integrationsfigur eines Heeres, das immerhin zur Hälfte aus lombardischen, aragonesischen und kastilischen Söldnern bestand. Diese Armee erhielt in den nächsten Monaten Zulauf aus allen Landesteilen, von Menschen, die nicht Beute suchten, sondern die propagierten Kriegsziele zu ihrer Sache gemacht hatten, und mit dem Einbruch des Übernatürlichen in die Welt änderte der Krieg seinen Charakter. Soldheere kämpften pragmatisch, ohne höhere Ziele, in der neuen Armee Karls VII. dagegen bestimmten jene das Bild, die mit Gottes Hilfe für die Jungfrau und den König kämpfen, siegen oder sterben wollten.

Gegen den Rat La Trémoilles, der immer noch auf Verhandlungen setzte und durch die Erfolge Jeannes seine Stellung am Hof gefährdet sah, erhob Karl VII. den Herzog von Alençon zum Armeeführer, der die von den Engländern als «Hure der Armagnacs» verhöhnte Jungfrau mit sich führte und schon am 12. Juni den Grafen von Suffolk vertrieb, eine Woche später bei Patay eine Heeresgruppe des englischen Befehlshabers Talbot unter Sir John Fastolf in offener Feldschlacht besiegte. Fastolf floh vom Schlachtfeld und wurde daraufhin aus dem Hosenbandorden ausgeschlossen, dem Herzog von Alençon dagegen stand nun der Weg nach Paris offen, dessen Befestigungen Bedford schon verstärken ließ. Jeanne verlangte jedoch unter Berufung auf ihre Stimmen den Marsch auf Reims, um Karl VII. die Krone zu verschaffen, und mit Hilfe des Grafen von Dunois, Bastard von Orléans, setzte sie sich durch. Karl hatte sein Amt schon durch Erbrecht, doch seine Hauptstadt sollte er als geweihter König von Frankreich befreien.

Am 16. Juli kam die Armee in der ehrwürdigen Krönungsstadt an, und am folgenden Tag wurde Karl VII. mit dem heiligen Öl gesalbt, das einst eine Taube für die Taufe des Frankenkönigs Chlodwig vom Himmel gebracht hatte. Während des Gottesdienstes stand die Jungfrau mit ihrer Fahne nahe beim König, und das Ereignis verfehlte seine Wirkung nicht. Der englische Hof setzte zwar im November 1429 die Krönung Heinrichs VI. in Westminster als propagandistische Antithese, aber nach den Niederlagen von Orléans und Patay wuchs die Befürchtung, Karl VII. wohl nicht mehr entscheidend schlagen zu können. Auch in Frankreich glaubten immer mehr Menschen an baldigen Frieden nach einem kurzen, heftigen Krieg, doch während der Siegeszug Jeannes und des Herzogs von Alençon eine Stadt nach der anderen zur Übergabe brachte und Ende August vor Paris zum Stehen kam, stellte La Trémoille dem König einen durch Verhandlungen erreichbaren Ausgleich mit Burgund als sichersten Weg zum Sieg über die Engländer vor. Es schien zweifelhaft, ob die Jeanne stützende Kriegspartei am französischen Hof ihren Einfluß behalten würde, denn der Herzog von Burgund hatte nicht versucht, Karls Zug nach Reims zu behindern, und schickte nun Bevollmächtigte, die am 28. August einen Waffenstillstand bis zum Jahresende aushandelten.

Der Herzog von Alençon rang daraufhin dem König noch einmal die Erlaubnis zum Angriff ab. Gemeinsam mit der Jungfrau wollte er Paris nehmen, aber diesmal blieb das Wunder aus. Später sollte Jeanne aussagen, daß sie ihre Stimmen in Reims zum letzten Mal gehört habe: Mit der Krönung Karls VII. war ihr Auftrag offensichtlich beendet. Unter schweren Verlusten wurden alle Stürme auf die Mauern von Paris abgeschlagen, und nach weiteren Niederlagen breitete sich im Winter 1429/30 Resignation aus. Die Jungfrau hatte überspannte Erwartungen enttäuscht, rasches Vertreiben der Engländer schien unmöglich, der Krieg würde noch lange dauern. Einzig Philipp der Gute profitierte von der Krise, denn er war mittlerweile jedem der streitenden Könige unentbehrlich geworden.

Aus dieser Position der Stärke bereitete er eine anglo-burgundisch-französische Konferenz vor. Um seine Position im Vorfeld zu verbessern, wollte er Compiègne erobern und begann am 23. Mai 1430 die Belagerung der Stadt. Noch einmal versuchte Jeanne militärisch einzugreifen und Compiègne zu befreien, geriet dabei aber in Gefangenschaft. Sofort machte Bedford dem Herzog von Burgund ein Angebot zur Auslieferung, und nach längeren Verhandlungen verkaufte Philipp der Gute die Jungfrau am 21. November für 10 000 Écu an die Engländer. Ob Karl VII. einen Versuch zur Auslösung gemacht hat, ist ungewiß, doch er wäre ohnehin sinnlos gewesen, weil der Hof Heinrichs VI. auf jeden Fall einen Prozeß führen wollte: Die französischen Siege seit Orléans mußten als Werk des Teufels erwiesen werden, damit Bedford und Philipp der Gute als Führer eines gerechten Krieges an Legitimität gewinnen, der König von Frankreich und seine Berater dagegen als Beschützer einer Hexe diffamiert werden konnten. Schon drei Tage nach Jeannes Gefangennahme beanspruchte die Universität Paris volle Kompetenz für ein solches Verfahren; zweifellos war sie das angesehenste Institut für die wissenschaftliche Entscheidung von Glaubensfragen, hatte sich aber auch seit Heinrich V. für die Sache der englischen Könige eingesetzt. Bedford fand Paris indessen zu unsicher und wählte Rouen als Ort des Verfahrens; dort lebte überdies der aus seiner Diözese Beauvais vertriebene Bischof Pierre Cauchon, in dessen Sprengel Jeanne d'Arc gefangengenommen worden war und der infolgedessen ihr kirchenrechtlich zuständiger Richter sein mußte. Cauchon hatte in Paris Theologie studiert, war 1403 Rektor der Universität gewesen und von 1414 bis 1418 Mitglied der burgundischen Delegation auf dem Konstanzer Konzil; das Bistum Beauvais hatte er 1420 aus der Hand Heinrichs V. empfangen. Insofern war seine Karriere geradlinig; erst im 19. Jahrhundert hat nationalistische Borniertheit ihn zum charakterlosen Kollaborateur gestempelt und ein Zerrbild geschaffen, das im Zusammenhang mit der 1920 erreichten Heiligsprechung der Jungfrau noch einmal in kräftigen Farben ausgemalt worden ist.

Am 9. Januar 1431 war Cauchon vom englischen Kronrat als vorsitzender Richter approbiert und konnte einen regulären Inquisitionsprozeß vorbereiten, der mit Jeannes Verurteilung Karl VII. als Häretiker erweisen sollte und insofern einem politischen Ziel diente. Die Angeklagte machte es dem Gericht nicht leicht, denn die erhaltenen Protokolle zeigen ihre offenen und mutigen Antworten. Das ist bemerkenswert angesichts einer häufig aggressiven Gerichtsversammlung von über hundert Personen, unter ihnen mindestens achtzig Graduierte der Universität Paris, aber nur acht Engländer, von denen wiederum nur zwei regelmäßig anwesend waren. Wichtigster Vorwurf war ihr Hochmut, die *superbia*, mit der sie eine direkte Beziehung zu Gott und seinen Heiligen behauptet und sehr viel Böses angerichtet hätte. Bis zum 26. März zogen sich die Befragungen der Angeklagten und die Zeugenverhöre hin, doch gelang es dem Gericht nicht, ein Schuldgeständnis zu erhalten. Am 14. Mai schließlich überreichte die Universität Paris ein Gutachten, wonach die Angeklagte durch ihre Aussagen überführt sei, und am 24. Mai wollte das Gericht sein Urteil verkünden. Nun unterbrach Jeanne plötzlich die Verlesung des Textes, bekannte sich schuldig und bereit zum Abschwören. Die Richter nahmen das zur Kenntnis und verurteilten sie zu lebenslanger Haft; damit wäre der politische Zweck des Prozesses mindestens teilweise verfehlt worden, doch Jeanne widerrief drei Tage später ihr Geständnis, so daß ihr als nunmehr rückfälliger Ketzerin nach den Regeln des Inquisitionsprozesses der Tod sicher war. Das geistliche Gericht lieferte sie an die weltliche Macht aus, und am 30. Mai ließ Bedford Jeanne auf dem Alten Markt von Rouen verbrennen. In einem Rundbrief an alle geistlichen und weltlichen Fürsten, Barone und Städte Frankreichs behauptete er, daß sie in Erkenntnis ihrer Irrtümer gestorben sei.

8. Wege zum Frieden
(1431–1453)

Am 16. Dezember 1431 wurde der zehnjährige Heinrich VI. in Notre-Dame/Paris zum König von Frankreich gekrönt. Nach dem Prozeß gegen Jeanne d'Arc war das ein notwendiger Schritt, denn die französische Königswürde Heinrichs VI. bedurfte der üblichen sakralen Legitimierung. Die äußeren Umstände der Zeremonie verhießen indes nichts Gutes, denn der rechte Krönungsort, die Kathedrale von Reims, war den Engländern unerreichbar und Paris deshalb ebenso eine Verlegenheitslösung wie die Person des Coronators, Bischof Henry Beaufort von Winchester. Vom hohen Klerus seines kontinentalen Reiches sah der neue König nur die Bischöfe von Paris, Noyon, Beauvais und Thérouanne, nicht dagegen den Erzbischof von Sens als den zuständigen Metropoliten, und keiner der weltlichen Pairs eines Königs von Frankreich war gekommen, nicht einmal der Herzog von Burgund. Dessen Bevollmächtigte hatten drei Tage zuvor in Lille einen sechsjährigen Waffenstillstand mit Karl VII. unterzeichnet. Für die weitere Kriegführung Bedfords war das mehr als ein militärisches Problem, denn nach der Trennung Philipps des Guten von seinem englischen Alliierten setzte sich endgültig die populäre Auffassung durch, daß eine fremde Besatzungsmacht Frankreich schädige und bedrücke. Wenn es gleichwohl noch nicht zur großen Krise der englischen Herrschaft in Frankreich kam, so lag das an dem lähmenden Dauerkonflikt zwischen der von Richemont angeführten Kriegspartei am Hof Karls VII. und La Trémoille, der für seine Strategie des Verhandelns ebenfalls Unterstützung fand.

Im Laufe des Sommers 1434 flammten in der Normandie Kämpfe bewaffneter Bauern mit englischen Söldnern auf; diese Auseinandersetzungen blieben zwar ohne weitreichende Folgen, waren aber insofern bedenklich, als der englische Hof die Nor-

Karl VII., König von Frankreich (1422–1461)
Gemälde von Jean Fouquet, um 1445. Paris, Musée du Louvre

mandie bislang als zuverlässiges Territorium des Hauses Lancaster betrachtet hatte. Schwerer wog die Entscheidung der Universität Paris, sich nach Jahrzehnten bewiesener Loyalität aus dem anglo-burgundischen Lager zurückzuziehen. Die Magister waren seit langem über Universitätsgründungen verärgert, die sie als lästige und beeinträchtigende Konkurrenz empfinden mußten. Schon 1422 hatte Philipp der Gute päpstliche Privilegien für eine Universität in Dôle bekommen, und drei Jahre später entstand auch in Löwen eine Universität. 1431 bauten Karl VII. in Poitiers und Yolande von Aragón in Angers schon bestehende Schulen zu Universitäten aus, Johann von Bedford errichtete 1432 in Caen eine Universität für die Normandie und setzte damit ein älteres Projekt durch, gegen das die Pariser Magister jahrelang gekämpft hatten. Alle diese Neugründungen ließen die Pariser Studentenzahlen zurückgehen, so daß die Korporation der Magister nicht nur wissenschaftliche Konkurrenten erhielt, sondern auch wirtschaftliche Verluste hinnehmen mußte. Mit Recht machte sie sowohl den englischen König als auch den Herzog von Burgund dafür verantwortlich und suchte ihre Interessen künftig auf andere Weise zu vertreten: Sie näherte sich Karl VII.

Dessen Bevollmächtigte verhandelten seit dem Frühjahr 1432 in Arras mit burgundischen Prokuratoren, denn auch die Länder Philipps des Guten verlangten nach Frieden, besonders Flandern, das sich unter dem Druck der englischen Tuchmanufakturen immer mehr auf Fernhandel umstellte und dafür sichere Verkehrswege brauchte. Dazu kamen Gefahren von außen, denn Kaiser Sigismund suchte das Bündnis mit Karl VII. gegen die burgundische Ausdehnungspolitik an der Westgrenze des Römischen Reiches und erklärte Philipp dem Guten 1434 den Reichskrieg. Zwar folgte kein Angriff, aber die Drohung wirkte. Im Frühling desselben Jahres hatte ein königliches Heer dem Grafen von Arundel eine Niederlage beigebracht und bald darauf, im Juni, setzte sich Johann von Dunois, Bastard von Orléans, in St-Denis fest.

In dieser Situation versammelte Karl VII. am 12. August 1434 die Stände der Langue d'oïl in Tours und zeigte damit, welch großen Anhang er mittlerweile auch in den Regionen nördlich der Loire gewonnen hatte. Die Demonstration verfehlte ihre Wirkung nicht, so daß Philipp der Gute sich im Januar 1435 mit Herzog Karl von Bourbon, dem königlichen Kanzler und Erzbischof von Reims Regnault de Chartres, dem Connétable Richemont und mehreren französischen Kronjuristen in Nevers zu Verhandlungen traf. Um diese Zeit hatte Jean Jouvenel des Ursins, Bischof von Beauvais, eine antiburgundische Schrift verfaßt, in der das leidende Frankreich jene anklagte, die zwar französisch sprachen, sich aber aus borniertem Rachsucht mit den Engländern verbündet hatten. Angesichts solcher Stimmungen, der veränderten Haltung des Herzogs von Burgund und der militärischen Lage war nun auch der Kronrat Heinrichs VI. bereit, über eine allgemeine Friedensregelung nachzudenken. Der König selbst war entscheidungsschwach und wenig belastbar, seine Frömmigkeit stark von der *Devotio moderna* geprägt, einer geistlichen Erneuerungsbewegung, die sich seit dem Ende des 14. Jahrhunderts von den Niederlanden aus in Europa verbreitete. 1440 gründete er das Collegienhaus in Eton und um die gleiche Zeit King's College in Cambridge, überließ die laufenden Regierungsgeschäfte jedoch einer Günstlingsgruppe unter Führung des Grafen und späteren Herzogs Wilhelm von Suffolk. England litt unter der Konkurrenz jener, die ihren Vorteil aus der Passivität des Königs zogen.

Am 5. August 1435 eröffneten die Kardinäle Niccolò d'Albergati als Vertreter des Papstes und Hugo von Lusignan als Vertreter des Basler Konzils im Kloster St-Vaast zu Arras eine der größten Friedenskonferenzen des Mittelalters. Im Namen Karls VII. verhandelten Karl von Bourbon, Regnault de Chartres und Richemont; Heinrich VI. ließ sich durch Kardinalbischof Henry Beaufort von Winchester, Erzbischof John Kemp von York, Bischof Pierre Cauchon von Beauvais und Lisieux sowie den Grafen von Suffolk vertreten. Gesandte des Königs von Neapel, der Herzöge von Bretagne, Orléans und Alençon, der Universität Paris und der größeren Städte Frankreichs waren als Beobachter erschienen. Philipp dem Guten war nicht nur an einem allgemeinen Frieden zwischen den bisher kriegführenden

Parteien gelegen, sondern in erster Linie an einem zweiseitigen Abkommen mit Karl VII., und als der Kongreß nach vier Wochen scheiterte, schob er die Schuld daran den Engländern zu. Tatsächlich hatte die englische Delegation am französischen Thronanspruch ihrer Könige festhalten müssen, wenn sie nicht alle Feldzüge als usurpatorische Handlungen und die Eroberungen als unrechtmäßig anerkennen wollte, aber diese von ihrem Standpunkt aus folgerichtige Position wurde selbst von den vorsitzenden Kardinälen nicht mehr akzeptiert. Am 6. September 1435 reisten die Engländer ab. Der König von Frankreich und der Herzog von Burgund blieben unter sich und kamen bald zum Ziel. Am 21. September schlossen sie in Arras ihren Frieden, nachdem Karl VII. sein Bedauern über den Mord an Johann Ohnefurcht ausgesprochen und Philipp der Gute ihm vergeben hatte. Dem Herzog von Burgund wurde die Huldigung gegenüber dem König von Frankreich erlassen; falls Karl VII. aber vor Philipp sterben würde, sollte dieser dem neuen König huldigen ebenso wie ein zu Lebzeiten Karls inaugurierter Nachfolger Philipps dies zu tun verpflichtet sei. Karl VII. sah sich durch diesen Vertrag vom mächtigsten Fürsten Frankreichs als legitimer König anerkannt, hatte die anglo-burgundische Allianz gesprengt und durfte sogar auf einen Krieg Heinrichs VI. gegen Philipp den Guten hoffen.

In Arras war ein großer Schritt zum Frieden getan worden, und das Ende der anglo-französischen Doppelmonarchie des Hauses Lancaster zeichnete sich ab. Zwar standen noch immer englische Truppen in Frankreich, aber Heinrich VI. hatte dort keine Verbündeten mehr, und in Paris wuchs die Opposition gegen seine Statthalter. Im Frühjahr 1436 schloß Richemont die Hauptstadt ein und nahm, durch einen Bürgeraufstand unterstützt, am 13. April die Kapitulation der englischen Garnison entgegen. Vielerorts wurde jedoch noch immer heftig gekämpft, weil entlassene englische und burgundische Soldverbände ihren eigenen Krieg weiterführten. Diese *écorcheurs* (Schinder) waren ebenso gefährlich wie seinerzeit die *compagnies* und wüteten seit 1437 im Süden und in der Mitte Frankreichs. Auch Burgund fand keinen Frieden. 1436 landete Herzog Humphrey von

Gloucester in Calais, das Philipp der Gute bisher nicht hatte erobern können, und trug den Krieg in die burgundischen Niederlande, während John Talbot Graf von Shrewsbury mit einer weiteren Armee Heinrichs VI. am Unterlauf der Seine operierte und bis in die Umgebung von Paris vordringen konnte. Das war gefährlich, weil Hof und Beraterkreis Karls VII. sich gerade in diesen Monaten neu formierten und die Handlungsfähigkeit des Königs deshalb vorübergehend eingeschränkt war.

Der Frieden von Arras hatte den Druck Burgunds von der königlichen Partei genommen und die damit erzwungene Bindung gelockert. Der Herzog von Alençon wollte sich nun wieder seinen eigenen Territorien widmen und verließ den Hof, an dem Karl von Bourbon den Einfluß der Anjou zu mindern suchte, während das Haus Orléans kritisierte, daß man in Arras den Mord an Johann Ohnefurcht mit großem Aufwand öffentlich bereut und vergeben hatte, das Attentat auf Ludwig von Orléans hingegen unerwähnt geblieben war. Richemont seinerseits rekrutierte aus den Diensten der Anjou und Herzog Johanns VI. von Bretagne neue Berater, die künftig an den Entscheidungen des Königs mitwirkten. Die wichtigste Position am Hof erlangte Karl von Anjou, der zusammen mit seiner Schwester, der Königin Maria, und seiner Mutter Yolande von Aragón Kontinuität in das politische Handeln Karls VII. brachte.

Im Sommer 1437 zog der König von Frankreich an der Spitze einer größeren Armee vom Languedoc aus nach Paris, wurde von der Bürgerschaft feierlich empfangen und verkündete als Zeichen des aus seiner Sicht definitiv beendeten Bürgerkrieges eine allgemeine Amnestie seiner Gegner. Der künftigen Friedensordnung dienten Verwaltungsreformen, die aus dem burgundisch besetzten Pariser Parlement und dem königlichen Gerichtshof in Poitiers ein neues Parlement schufen, dem 18 Pariser Räte und 26 aus Poitiers angehörten. Entsprechend wurden vier Räte aus Paris und 20 aus Bourges in den neuen zentralen Rechnungshof *(Chambre des Comptes)* berufen und auch andere hohe Amtsträger aus anglo-burgundischen Diensten übernommen. Staatsdienst und politischer Nepotismus wurden unterscheidbar, politische Klugheit überbrückte alte Feindschaften. Auf diese Weise gelang es allmählich, die capetingische Verwaltungsstruktur wiederherzustellen, aber die im Laufe des Krieges eingetretene anarchische Unordnung regionaler und lokaler Kompetenzen samt der damit verbundenen Rechtsunsicherheit herrschte noch lange.

Enttäuschte Hoffnungen jener, die den König in der Zeit seiner Schwäche unterstützt hatten, verschärften die Spannung. Johann von Alençons Besitzungen in der Normandie waren durch den Krieg verwüstet und ihm teilweise entfremdet worden, ohne daß er nach 1435 entschädigt worden wäre; der Herzog von Bourbon hatte Karl VII. gegen Philipp den Guten unterstützt, aber kaum noch Einfluß im Rat des Königs; die Häuser Orléans und Anjou beklagten mangelnde Kompensation ihrer hohen Lösegeldverpflichtungen aus englischen und burgundischen Gefangenschaften. Weil Karls Reformen die Kronverwaltung zum Nachteil der Adelsrechte stärkte und die Große Ordonnanz vom 2. November 1439 mit Zustimmung der Stände den Adel militärisch entmachtete, indem sie allein dem König den Unterhalt einer stehenden Truppe zubilligte, formierte sich unter Führung der Herzöge von Bourbon, Bretagne, Anjou und Alençon eine zum Sturz des Königs entschlossene Opposition, an der sich sogar der Thronfolger beteiligte, der spätere König Ludwig XI. Dieser Aufstand, *Praguerie* genannt nach den Wirren der Hussitenkriege in Böhmen, scheiterte vorerst am Bürgertum, das keinen neuen Krieg wollte und den Gegnern des Königs die Städte als feste Plätze und Wirtschaftszentren verschloß. Eine königliche Armee zerstreute die Adelskoalition im Laufe des Sommers 1440, aber schon zwei Jahre später konstituierte sie sich neu und konnte nur durch großzügige Zahlungen an ihre einzelnen Mitglieder beruhigt werden.

Gleichzeitig hatte Karl den Krieg gegen die Engländer fortgesetzt, deren Staatsfinanzen durch enorme Belastungen aus der Doppelmonarchie und die königliche Mißwirtschaft so gut wie ruiniert waren und nur mit großen Anleihen des Kardinalbischofs Henry Beaufort halbwegs gerettet werden konnten. Das brachte ihm unverhältnismäßig starken Einfluß auf den ohnehin zum Frieden neigenden König, so daß Beauforts Politik des Zeitgewinns durch Verhandlungen die Oberhand gegenüber den Befürwortern einer energischen Kriegführung gewann. Infolgedessen kam Karl VII. sogar im Bordelais zu Erfolgen, obwohl die Bevölkerung dort seit über hundert Jahren vom Weinexport nach England lebte und keineswegs geneigt war, sich unter die harte Herrschaft eines Königs von Frankreich zu begeben. 1441 hatte Karl die gesamte Île-de-France in der Hand, wandte sich im Sommer des folgenden Jahres wieder nach Süden und verbreitete mit einer großen Entrée in Toulouse den Eindruck, daß die Monarchie nicht auf den Norden beschränkt bleiben würde. Weitere Feldzüge brachten im folgenden Jahr so große Gewinne, daß nur noch die Stadt Bordeaux unbesetzt blieb. Niederlagen John Talbots in der Normandie machten den englischen Hof endgültig verhandlungsbereit, so daß am 16. April 1444 in Tours Beratungen begannen. Bevollmächtigte Karls VII. boten die Guyenne, Quercy, Périgord, Calais und Guînes als Lehen an, die englischen Gesandten unter Leitung Suffolks forderten dagegen souveränen Besitz von Guyenne und Normandie ohne Lehnsverpflichtung. Das waren unvereinbare Positionen, aber immerhin kam man am 28. Mai zu einem vorläufigen Waffenstillstand für 22 Monate, in den auch die Verbündeten beider Seiten einbezogen wurden: Die Könige von Kastilien, Sizilien und Schottland für Karl VII., der Römische Kaiser und die Kurfürsten, die Könige von Dänemark, Schweden, Norwegen und Portugal für Heinrich VI. Dieses Abkommen wurde bis 1449 mehrmals verlängert und gab Karl VII. Zeit, für einen neuen und wie erhofft letzten Krieg zu rüsten.

Im Frühjahr 1445 stellte der König 15 Kompanien auf, eingeteilt in jeweils 100 «Lanzen» genannte Untereinheiten aus einem meist adligen, schwer gepanzerten Reiter mit Hilfskraft und zwei ebenfalls berittenen Bogenschützen. Bald darauf wurde die Zahl der Kompanien auf 18 erhöht, so daß Karl VII. seit Ende 1446 ständig 7200 Mann Kavallerie unter Waffen hatte. Er folgte damit einem Zug der Zeit, denn auch in England wurde eine vergleichbare Heeresorganisation aufgebaut, so daß militärische Überlegenheit sich nicht aus dem System ergab, sondern aus Qualität der Truppe, taktischer Begabung ihrer Kommandeure und politischem Willen der Höfe. Weil es dem König von Frankreich nicht mehr nur um Erfolg im Krieg, sondern ebenso um die Befriedung des Landes ging, ließ er Truppenführer und Mannschaften für den bald sehr begehrten Dienst sorgfältig auswählen. Der Adel bemühte sich um die Kommandostellen, deren Inhaber aus der Kasse des Königs bezahlt wurden und ihm deshalb strikt untergeordnet waren. Damit verschwand allmählich der trübste Bodensatz der Gesellschaft aus der Armee, die Ansätze zu regelrechten Laufbahnen entwickelte. Wenn Kritiker die Kompanien des Königs als Werkzeuge der Tyrannei diffamierten, so artikulierten sie altständische Ordnungsvorstellungen, denn die Verstaatlichung der Personenverbände erreichte in Frankreich wie in anderen europäischen Monarchien eine neue Qualität. Der König besaß eine ständige Berufsarmee, die er durch Garnisontruppen ergänzte, um damit anders als bisher eroberte Städte dauerhaft besetzen zu können. Aus mehreren tausend Mann bestand eine freilich nicht sehr tüchtige Reservearmee von Bogenschützen, die für ihre Dienste steuerfrei gestellt waren und deshalb *francs-archers* genannt wurden. Die Erfindung neuer Metallegierungen erlaubte den Guß leichter, doch explosionssicherer Kanonenrohre, die der Armee folgen konnten und in offenen Feldschlachten einsetzbar waren. Neue Pulvermischungen erhöhten die Triebkraft der Geschütze, so daß im Festungskrieg nicht mehr Belagerung und Hungerblokkade dominierten, sondern fortan ganze Städte sturmreif geschossen wurden.

Die weitere Führung des Krieges wurde Karl VII. durch Konflikte des englischen Hochadels mit Heinrich VI. erleichtert, der um diese Zeit seine persönliche Herrschaft beginnen wollte und einen endgültigen Friedensschluß anstrebte, der ihm die Normandie sichern sollte. Im Dezember 1446 ernannte er Edmund Beaufort, Herzog von Somerset, zum Regenten der Normandie, doch traf dieser erst im März 1448 auf dem Kontinent ein, vier Jahre nach dem Waffenstillstand von Tours, zu spät und ohne finanzielle Ausstattung, um das Land verteidigungsbereit zu machen. Ende Juli 1449 begann der französische Angriff, im August erreichte eine von Dunois geführte Heeresgruppe Lisieux. Fast zur gleichen Zeit fiel Séez, und im September wurden kurz nacheinander Coutances, Granville, St-Lô erobert. Am 9. Oktober stand die Armee des Königs vor Rouen, und Karl VII. sagte den Bürgern Amnestie im Falle der Kapitulation zu. Zehn Tage später brach der auf diese Weise provozierte Aufstand gegen die englische Garnison aus, die gegen Übergabe von Tancarville, Arques und Montivilliers am 4. November freien Abzug auf Caen erhielt.

Karl ließ seine Entrée in die Hauptstadt der Normandie sorgfältig vorbereiten. Erst am 10. November 1449 zog er in Begleitung Renés von Anjou, des Grafen von Dunois, der Prinzen und zahlreicher Barone an der Spitze einer Armee von 5400 Mann Kavallerie und 600 Bogenschützen durch die Straßen von Rouen und ließ diese Machtdemonstration von dem als Geisel festgehaltenen englischen Kommandeur John Talbot mit ansehen. In der Kathedrale empfing der Erzbischof zusammen mit den Bischöfen von Lisieux, Évreux und Coutances den König, der sich, so will es jedenfalls ein später und romantisch eingefärbter Rückblick, bei dieser Gelegenheit an Jeanne d'Arc und ihren Feuertod in ebendieser Stadt erinnert haben soll. Daran ist immerhin so viel richtig, daß im Februar 1450 ein Auftrag an Guillaume Bouillé erging, Doktor der Universität Paris und Kanoniker von Noyon, den Prozeß von 1431 zu überprüfen. Das ist aber eher mit dem jetzt möglichen Zugriff auf die Archive von Rouen zu erklären und mit dem Ziel, propagandistisch verwertbares Material gegen Heinrich VI. zu sammeln, denn ein wirkliches Revisionsverfahren hätte dem Papst unerwünschte Möglichkeiten zum Eingreifen in Angelegenheiten der französischen Kirche geboten, über die der König alleinige Hoheit anstrebte.

Für das ganze Gebiet am Unterlauf der Seine war der Krieg nun zu Ende. Zwar landete im März 1450 nochmals eine englische Armee in Cherbourg und versuchte einen Gegenstoß, wurde aber am 14. April in der Schlacht bei Formigny nahe Bayeux geschlagen. Als die Stadt Caen am 1. Juli die Schlüssel ihrer Tore an Dunois gab und am 12. August auch Cherbourg fiel, war der Kampf um die Normandie zugunsten der französischen Krone entschieden. In England richteten sich der Volkszorn und die Empörung des Parlaments über diese Niederlage als Ergebnis inkompetenter Politik nicht so sehr gegen Heinrich VI. als vielmehr gegen seine Berater, in erster Linie gegen den Herzog von Suffolk als den Hauptverantwortlichen. Der König verbannte ihn für fünf Jahre, doch auf der Fahrt über den Kanal wurde Suffolk von den Matrosen ermordet. Sein kopfloser Leichnam trieb in Dover an Land. Massendemonstrationen in Kent mündeten in eine dreitägige Plünderung Londons. England stand vor einer Revolution.

Gleichwohl fiel dem König von Frankreich die Eroberung der Guyenne schwer, denn dort war die Bevölkerung nicht ohne weiteres vom rechtmäßigen Handeln Karls VII. zu überzeugen und erwartete sogar Nachteile. Schon 1440 hatte Jean Jouvenel des Ursins Karl VII. entsprechend gewarnt, und in der Tat gab es keine massenhafte Option für «England» oder «Frankreich» im Sinne des neuzeitlichen Nationalstaats. Mittelalterliches Nationsbewußtsein war schichtenspezifisch, beschränkt auf die königsnahe Aristokratie und den hohen Klerus; die französische Monarchie überlebte die Folgen der großen Schlachten von Crécy, Poitiers und Azincourt nicht auf Grund des Patriotismus der breiten Bevölkerung, sondern wegen der Loyalität einer hinreichend konsistenten Führungsschicht, die sich den Konsequenzen der Niederlagen ebenso widersetzte wie sie schon 1328 das Königtum Eduards III. abgelehnt hatte. Demgegenüber hatte die Masse der Menschen ein Grundbedürfnis nach Sicherheit, Recht und Ordnung; sie würden dem folgen, der ihnen das dauerhaft garantierte. Bis jetzt hatte die englische Verwaltung solche Sicherheit geboten und damit Rahmenbedingungen für eine florierende Exportwirtschaft geschaffen: Jährlich ging eine Weinflotte mit hunderten von Schiffen nach England und brachte der Stadt Bordeaux samt ihrem riesigen Umland Reichtum. Weinbau setzt jedoch Frieden voraus, den Karl VII. stören wollte. Seine rigorose Kronverwaltung wünschte sich niemand.

Im Frühjahr 1451 griff Johann von Dunois an, erreichte bei Blaye die Gironde und führte den Feldzug weiter entlang der Dordogne. Dort konnte er bis zum 1. Juni Libourne, St-Émilion und Castillon erobern, während Karl von Albret von Süden her in die weite Ebene der Landes eindrang. Am 23. Juni ergab sich Bordeaux, aber anders als in der Normandie war damit das Kriegsziel nicht erreicht. Die Bürger protestierten bei Karl VII. gegen dessen erste Steuerforderung, wurden aber harsch abgewiesen und wandten sich nun um Hilfe an den englischen Hof. Heinrich VI. ergriff die willkommene Gelegenheit und schickte eine Armee unter Führung des bewährten, aber mittlerweile fünfundsechzigjährigen John Talbot. Ohne nennenswerten Widerstand konnte dieser am 23. Oktober 1452 in Bordeaux einziehen und von dieser Basis aus im Frühjahr einen Feldzug beginnen, der von der Bevölkerung des Landes begrüßt wurde und Sieg versprach. Jetzt aber setzte Karl VII. die Masse seiner Kompanien ein, und Talbot mußte in ungünstiger Position am 17. Juli 1453 bei Castillon die Schlacht suchen, weil er sein kleines Expeditionskorps keinem längeren Abnutzungskrieg aussetzen durfte. Die mitgeführte Artillerie des Königs von Frankreich brach die Attacke der englischen schweren Reiter, Talbot selbst und sein Sohn sind dabei gefallen.

Die Niederlage führte zu einem Nervenzusammenbruch Heinrichs VI. und brachte den englischen Hof endgültig zur Einsicht, daß der Krieg verloren war. Die Guyenne lag für Karl VII. offen, der nun gegen die verbliebenen festen Plätze und ihre Garnisonen anders vorging als in der Normandie. Lösegelder wurden nicht mehr angenommen, bedingungslose Kapitulationen verlangt und die Kommandeure hingerichtet, soweit es Einheimische waren. In Bordeaux hatte man das mit Sorge beobachtet, so daß der Rat die Übergabe der Stadt gegen Garantien für Leben und Besitz der Einwohner anbot. Der König betrachtete die Stadt jedoch als treubrüchig und strafwürdig, lehnte Verhandlungen ab und ließ sie beschießen. Am 19. Oktober kapitulierte die reiche Handelsmetropole, zahlte 100000 Écu Strafgeld und verlor alle ihre bisherigen Freiheiten. Der Hundertjährige Krieg war zu Ende, aber kein Vertrag bestätigte das. Als einzigen ihnen verbliebenen Kontinentalbesitz hielten die englischen Könige Calais bis 1558 und führten weiterhin, formell bis 1802, den Titel eines Königs von Frankreich.

Noch lange fürchtete man dort neue Angriffe und hielt die Armee in Bereitschaft, baute besonders im Südwesten und in der Normandie Befestigungen aus, mißtraute einer Bevölkerung, die lange zufrieden unter englischer Herrschaft gelebt hatte. Erst im Lauf mehrerer Jahrzehnte verdrängten andere Ereignisse und neue Herausforderungen den unmittelbaren Eindruck des großen Krieges und machten ihn zum Bestandteil eines zunächst noch politisch engagierten, später antiquarischen Geschichtsbewußtseins der beteiligten Reiche und Völker.

9. Der Krieg und seine Folgen

Obwohl der Hundertjährige Krieg nicht alle Regionen Frankreichs gleichmäßig und dauernd betroffen hatte, litt das ganze Land noch lange an den großen Zerstörungen, den hohen Menschenverlusten, der mehr oder weniger weitgehenden Desintegration der Gesellschaft, Auflösung der öffentlichen Ordnung und Minderung der Rechtssicherheit. Besonders negativ wirkte sich die im Laufe der Zeit vor allem in Frankreich manifeste Gewöhnung an die dominierende Rolle der Gewalt in nahezu allen Lebensbereichen aus. Der Krieg wurde über die Jahre und Jahrzehnte zum gesellschaftlichen Dauerphänomen, zum Bestandteil des kollektiven Bewußtseins der Menschen, die ihn saisonal erlebten, regelmäßig wiederkehrend wie Saat- und Erntezeit, Sommerhitze und Winterkälte. Diese nahezu alltägliche Erfahrung, immer wieder selbst erlitten oder anderen zugefügt, entfremdete große Teile der Bevölkerung aller Schichten den friedlichen Rechts- und Erwerbsformen. Jeder der vielen Waffenstillstände setzte Truppen frei, die entweder neu beschäftigt werden mußten oder zur Landplage wurden, denn ihr Leben und dessen Unterhalt war und blieb der Krieg. Dieser Mißstand kam jedoch der Monarchie als Institution zugute, weil sich immer wieder die Sehnsucht der Massen nach dem starken Herrscher artikulierte, von dem sie Erlösung aus dem Elend erhofften. Dabei war es den meisten Menschen mittlerweile gleichgültig geworden, ob dieser König ein Valois oder ein Lancaster war, wenn sein Regiment nur Sicherheit brachte.

Bis heute besteht in der Forschung keine Einigkeit über die Frage, ob die hohen Kosten der englischen Invasionen durch die Erfolge auf dem Kontinent refinanziert worden sind, durch Kriegsbeute, Lösegelder, Einkünfte aus französischen Grundherrschaften, Zölle, Zahlungen der Krone Frankreichs bei erzwungenen Waffenstillständen und anderes mehr. Im besonderen Fall mögen einzelne Kommandeure, Verwalter und Geschäftsleute das erreicht haben, doch für den englischen Staatshaushalt erwies sich der Krieg letztlich als Nachteil. Die französische Wirtschaft hingegen erfuhr durch ihn neue Impulse und Anstöße zur Modernisierung. So führte der Bedarf an Edelmetall für das Münzgeld und an Erz für Waffen und Rüstungen zur gesteigerten Prospektion auf Bodenschätze, deren Ausbeutung von Gesellschaften betrieben wurde, in die man Geld einlegen konnte, um am Gewinn teilzuhaben, ohne sich selbst mit dem Betrieb der Bergwerke befassen zu müssen. Zum ersten Mal traten Kapital und Arbeit in nennenswertem Umfang auseinander.

Selbst aus der zunächst schmerzhaft erlebten Lockerung altüberlieferter Verhältnisse und Strukturen ergaben sich zukunftweisende Elemente: eine deutlich gesteigerte soziale Mobilität, neuartige Durchlässigkeit der Standesschranken, Wanderungen von Region zu Region und intensiverer Austausch zwischen Stadt und Land. Während England nach der Niederlage seiner Armeen in Frankreich für dreißig Jahre von den Rosenkriegen zwischen den Häusern Lancaster und York heimgesucht und politisch destabilisiert wurde, ging die französische Monarchie gestärkt aus der großen Krise hervor. Gewiß wird man nicht mit Heraklit behaupten dürfen, daß der Krieg der Vater aller Dinge sei, aber er ist doch mindestens der Pate des neuzeitlichen europäischen Staates gewesen. Dessen wesentliche Merkmale – Gewaltmonopol und Wehrhoheit, effiziente Verwaltung und ertragssicheres Steuersystem – sind während des Hundertjährigen Krieges langsam entwickelt worden, und die außergewöhnliche Dauer des stets um dasselbe Problem kreisenden Konflikts läßt Ursprung und frühe Genese dieser Modernisierung Westeuropas ziemlich gut erkennen und verfolgen.

Beide Seiten waren von Anfang bis zum Ende davon überzeugt, einen gerechten Krieg zu führen, ein *bellum iustum* im Sinne Augustins, der einen legitimen Kriegsgrund und als Kriegsziel die möglichst rasche Wiederherstellung des Friedens gefordert hatte, dazu die Sicherung von Ordnung und Gerechtigkeit. Diese frühe Definition ist später in die Kanonistik eingegangen, durch Thomas von Aquin weiter ausformuliert und im

Spätmittelalter angesichts der mächtigen Realität der westeuropäischen Monarchien dahingehend interpretiert worden, daß jedes souveräne Gemeinwesen einen gerechten Krieg führen dürfe. Hier gab es breiten Raum für die propagandistische Darstellung der eigenen Sache als der guten und richtigen, zumal die Autorität der Kirche als prüfender und beurteilender Instanz seit 1378 durch das Schisma geschwächt war. Die Könige und ihre Höfe gewannen dadurch größere Handlungsspielräume, weil England und Frankreich dem von der jeweils anderen Seite anerkannten Papst die Rechtmäßigkeit bestritten.

Durch den seit 1328 erhobenen Anspruch der englischen Könige auf den französischen Thron war der Hundertjährige Krieg von vornherein weit mehr als die feudale Auseinandersetzung zwischen Lehnsherr und Lehnsmann um den englischen Kontinentalbesitz. Es handelte sich vielmehr um einen dynastischen Konflikt, der das Königtum der Valois grundsätzlich in Frage stellte und zu vernichten drohte. Deshalb führte der englische Hof nicht nur Krieg, sondern warb in Frankreich mit einigem Erfolg um Unterstützer und Verbündete. Das Attentat auf Herzog Ludwig von Orléans (1407) und die Ermordung Johanns Ohnefurcht von Burgund (1419) eröffneten dem Haus Lancaster reale Aussicht auf eine nachhaltige Spaltung Frankreichs, und der Vertrag von Troyes (1420) ließ die Doppelmonarchie Wirklichkeit werden, bekräftigt durch die Ehe Heinrichs V. mit Katharina von Valois. Damit hätte der Krieg beendet sein können, wenn sich um den französischen Thronfolger, den späteren Karl VII., nicht so starke Widerstandskräfte versammelt hätten, daß der Herzog von Burgund sich schließlich von seinem englischen Bundesgenossen trennte. Nun konnte Karl VII. den Krieg bis zur vollständigen Niederlage der englischen Armeen fortsetzen.

Immer wieder sind die Kriegshandlungen durch längere Verhandlungsphasen und Waffenstillstände unterbrochen worden; es kam sogar zu Annäherungen und Ausgleichsversuchen, die den Forderungen der Lehre vom gerechten Krieg entsprachen und durch Heiratsverbindungen gesichert werden sollten wie 1396, als Richard II. eine Tochter Karls VI. zur Frau nahm. Da der lange Krieg vielfach dauerhafte Beziehungen und Verbindungen stiftete, feindliche ebenso wie freundliche, hat er überdies erheblich zur weiteren Vereinheitlichung der ohnehin recht homogenen westeuropäischen Zivilisation beigetragen. Beide Seiten respektierten ja wenigstens formal die gleichen Werte ritterlichen Verhaltens und der Adelskultur, dasselbe Kriegsrecht und das Lösegeldsystem, dem so viele adlige Kombattanten ihr Leben und viele Familien den wirtschaftlichen Ruin verdankten. Mannigfache Formen des Kulturtransfers sind durch den Krieg begünstigt worden, der besonders auf dem Niveau des Hochadels folgenreiche Begegnungen mit sich brachte. Ein in diesem Sinne prominenter Vermittler franko-burgundischer Lebensformen nach England war Herzog Johann von Bedford, der als Regent Frankreichs und Schwager Philipps des Guten reiche Gelegenheit zu persönlicher Anschauung gehabt hat. Hier konnte sich deshalb eine besonders wichtige Brückenfunktion ergeben, weil Philipp der Gute nicht nur ein bedeutender Vertreter der Renaissance des Rittertums und Herr eines vorbildhaften Hofes gewesen ist, ein sorgsamer Patron und Gestalter traditioneller Lebensformen des Adels, sondern der mindestens ebenso entschiedene Promotor einer Synthese von rationalen, geradezu modern anmutenden Politik- und Verwaltungsformen. Offensichtlich hat dieser Hof die Städte und ihr reiches Wirtschaftsbürgertum als regulierende und zugleich anregende Kraft gebraucht, denn die Gemeinsamkeiten in Verwaltung, Wehrwesen, Festkultur, Kunstbesitz und Kunstproduktion von Stadt, Herzog und Aristokratie weisen deutlich in diese Richtung und wirkten nach England weiter. Ungeachtet solcher Übereinstimmungen führte die außergewöhnlich lange Dauer des Krieges jedoch auf beiden Seiten allmählich zu gesteigerter Xenophobie, die ihren vorläufigen Höhepunkt mit dem religiös begründeten Wirken der Jeanne d'Arc erreichte, die dem Konflikt auf französischer Seite mindestens zeitweise den Charakter eines Volkskrieges vermittelt hat. Niemals auch hat der König von Frankreich auf seine Lehnshoheit über die englisch besetzten Gebiete verzichtet, selbst dann nicht, wenn er sie dem Rivalen durch Verträge rechtskräftig – aber eben nur zu Lehen – übergeben hatte.

Darüber hinaus haben die häufigen Unterbrechungen der Kampfhandlungen zur langen Dauer des Konflikts beigetragen, weil sie wie Erholungspausen wirkten, die Gelegenheit zu neuen Rüstungen boten, zur Refinanzierung der Kriegskosten ebenso wie zur allgemeinen wirtschaftlichen Konsolidierung. Im übrigen hingen Zahl, Dauer und Intensität der Feldzüge keineswegs nur vom Willen und von den politischen Zielen der Könige ab, denn in beiden Reichen gab es eine Führungsschicht, die als dynamische politische Gesellschaft wirkte und mit ihren Ambitionen den Krieg begünstigte. Der englische Adel konnte auf dem Kontinent ritterliche Bewährung mit Einkünften, Ämtern und Würden vorteilhaft verbinden, während die französische Aristokratie immer wieder Gelegenheit suchte, ihre *prouesse*, die militärische Tapferkeit und Stärke, beim Vertreiben eines zunehmend als fremd empfundenen Aggressors zu erweisen und damit ihre herausgehobene Stellung im Verfassungs- und Gesellschaftsgefüge zu rechtfertigen. Deshalb haben weder der Bevölkerungsrückgang infolge der Pestzüge und der Schlachten, der Hungersnöte und der Mißhandlungen, noch die ökonomische oder die Finanzkrise zur Erschöpfung und zum Ende der Kämpfe geführt, denn Ehre und Reputation blieben starke Antriebskräfte. Wer sie zu nutzen verstand, verschaffte sich Anhang.

Auf diese Weise ist im Laufe des Krieges der Königsdienst immer stärker zur wirklichen Legitimation des Adels geworden. Als Gegenleistung durfte er auf dringend gewünschte Statusgarantien rechnen, die um so nötiger waren, als die spektakulären Niederlagen bei Crécy (1346), Maupertuis (1356) und Azincourt (1415) das Prestige der Ritterschaft erheblich gemindert hatten. Die *Grandes Chroniques de France*, das offiziöse Geschichtswerk der französischen Monarchie, sahen den wesentlichen Grund für die Siege der Engländer in der unbelehrbaren Arroganz der Ritter Frankreichs, die selbst nach mehrfachem militärischen Desaster jeden Gegner verachteten und damit unterschätzten. Diese Art Ursachenforschung hat besonders gegen Ende des Krieges zu einem gewandelten Bild vom militärischen Dienst geführt, der alsbald faktisch und in der öffentlichen Meinung mehr zu den Hoheitsrechten des Königs gezählt wurde als zu den Prärogativen der Aristokratie.

Solche Umwertungen fanden ihren Nährboden in einer demographischen Krise des Adels, der unter allen Bevölkerungsgruppen die relativ höchsten Kriegsverluste beklagte. In den wenigen großen und den vielen kleineren Schlachten kamen die jüngeren, zeugungsfähigen Männer ums Leben, und sehr häufig opferten über Generationen hinweg dieselben Familien einen Teil ihrer Söhne, mußten hohe Lösegelder für gefangene Angehörige aufbringen und waren am Ende so verarmt, daß sie ihren gesellschaftlichen Rang verloren oder ihn nur durch die Einkünfte aus regelmäßigem Dienst und Hofpräsenz beim König oder bei Fürsten sichern konnten. Deshalb haben in Frankreich selbst verlorene Schlachten die Monarchie gestärkt und ihr neue Entwicklungswege geöffnet. Diese neuen Wege führten über die königlichen Heeresreformen zum Aufstieg des modernen Staates mit seiner Bürokratie, dem besser organisierten Steuerwesen, ständig unterhaltenen Berufsarmeen, einer transpersonalen Krongewalt und allgemein anerkannter Theorie von der *Salus publica*, vom Gemeinwohl, das Pflichten und Dienste von allen verlangte. Immer mehr Nichtadlige prägten im Laufe des Krieges sowohl in Frankreich als auch in England das Profil der Armeen und der Verwaltung, denen sie gegen regelmäßige Bezahlung ebenso regelmäßig, dauerhaft und meist zuverlässig arbeitend zur Verfügung standen.

Ohne den Hundertjährigen Krieg und den Willen zum Überleben als eigenständiges Königreich, gegründet auf die in Jahrhunderten gefestigte *Religion royale*, die Lehre von der besonderen Heiligkeit des französischen Königtums unter den christlichen Monarchien, hätten Staat und Verwaltung Frankreichs eine andere, weniger auf Konzentration aller Kräfte bei der Krone und damit auf den Absolutismus vorausweisende Entwicklung genommen.

Anhang

Frankreich und seine Regionen im Spätmittelalter

Genealogische Tafeln

Die Könige von Frankreich und die Herzöge von Burgund

PHILIPP VI. (1328–1350)
∞ 1. Johanna von Burgund
   2. Blanca von Navarra

1. JOHANN II. (1350–1364)
∞ 1. Bonne (Guda) von Luxemburg
   2. Johanna von Auvergne

1. KARL V. (1364–1380)
∞ Johanna von Bourbon

1. Ludwig († 1384)
Hz. von Anjou
∞ Maria von Châtillon

1. Johann († 1416)
Hz. von Berry
∞ 1. Johanna von Armagnac
   2. Johanna von Auvergne

1. Philipp der Kühne († 1404)
Hz. von Burgund
∞ Margarethe von Flandern

KARL VI. (1380–1422)
∞ Isabeau von Bayern-Ingolstadt

Ludwig († 1407)
Hz. von Orléans
∞ Valentina Visconti von Mailand

Johann Ohnefurcht († 1419)
Hz. von Burgund
∞ Margarethe von Bayern

Ludwig († 1415)
∞ Margarethe von Burgund

Johann († 1417)
∞ Jakobäa von Bayern

KARL VII. (1422–1461)
∞ Maria von Anjou

Philipp der Gute († 1467)
Hz. von Burgund
∞ 1. Michelle von Frankreich
   2. Bonne von Artois
   3. Isabella von Portugal

Die Könige von England

EDUARD III. (1327–1377)
∞ Philippa von Hennegau

- Eduard († 1376)
  (der «Schwarze Prinz»)
  ∞ Johanna von Kent
  - RICHARD II. (1377–1399)
    ∞ 1. Anna von Böhmen
    2. Isbella von Frankreich
- Lionel († 1368)
  Hz. von Clarence
  ∞ Elisabeth de Burgh
- Johann von Gent († 1399)
  Hz. von Lancaster
  ∞ Blanche von Lancaster
  - HEINRICH (Bolingbroke) IV. (1399–1413)
    ∞ Maria Bohun
    - HEINRICH V. (1413–1422)
      ∞ Katharina von Frankreich
      - HEINRICH VI. (1422–1461)
        ∞ Margarethe von Anjou
    - Johann († 1435)
      Hz. von Bedford
      ∞ Anne von Burgund
    - Humphrey († 1447)
      Hz. von Gloucester
      ∞ Jakobäa von Bayern
- Edmund († 1402)
  Hz. von York
  ∞ Isabella von Kastilien

Zeittafel

1327–1377	**Eduard III., König von England**
1328–1350	**Philipp VI., König von Frankreich**
1341	Beginn des Bretonischen Erbfolgekrieges
1346	Schlacht bei Crécy
1347	Eduard III. erobert Calais.
1350–1364	**Johann II., der Gute, König von Frankreich**
1356	Schlacht bei Maupertuis/Poitiers, Gefangenschaft Johanns II.
1358	Étienne Marcel führt den Aufstand in Paris. Jacquerie
1360	Friede von Brétigny
1363–1404	**Philipp der Kühne, Herzog von Burgund**
1364–1380	**Karl V., der Weise, König von Frankreich**
1365/66	Kastilischer Feldzug der *compagnies*
1369	Wiederaufnahme des Krieges gegen England
1370	Bertrand Du Guesclin wird Connétable von Frankreich.
1377–1399	**Richard II., König von England**
1378	Karl von Navarra aus Frankreich vertrieben
1379	Papst Clemens VII. geht nach Avignon. Beginn der flandrischen Unruhen
1380–1422	**Karl VI., König von Frankreich**
	Regentschaft Ludwigs von Anjou
1380	Feldzug des Grafen von Buckingham
1381	Aufstand des Wat Tyler («Peasants' Revolt») in Kent und Essex
1382	Aufstände in Rouen und Paris
	Schlacht bei Roosebeke
1388	Beginn der selbständigen Regierung Karls VI.
1392	Ausbruch der Krankheit Karls VI.
	Regentschaft der Herzöge Ludwig von Orléans und Philipp von Burgund
1399–1413	**Heinrich IV., König von England**
1404–1419	**Johann Ohnefurcht, Herzog von Burgund**

1407	Ermordung des Herzogs von Orléans
1410	Liga der Armagnacs auf Schloß Gien
1413–1422	**Heinrich V., König von England**
1413	Caboche-Aufstand in Paris
	Ordonnance Cabochienne
	Paris fällt an die Armagnacs
1415	Schlacht bei Azincourt
1416	Burgundischer Feldzug gegen Paris
	Heinrich V. beginnt die Eroberung der Normandie.
1418	Errichtung der Regierung Isabeaus in Troyes
	Paris fällt an die Bourguignons.
1419	Ermordung Johanns Ohnefurcht in Montereau
1419–1467	**Philipp der Gute, Herzog von Burgund**
1420	Vertrag von Troyes
1422–1461	**Karl VII., König von Frankreich**
	Heinrich VI., König von England
1422	Johann von Bedford, Regent Frankreichs
1425	Richemont wird Connétable Karls VII.
1428	Beginn der Belagerung von Orléans
1429	Jeanne d'Arc befreit Orléans.
	Krönung Karls VII. in Reims
1430	Jeanne d'Arc gerät bei Compiègne in Gefangenschaft.
1431	Prozeß gegen Jeanne d'Arc in Rouen
	Krönung Heinrichs VI. zum König von Frankreich in Paris
1435	Friede von Arras
1436/37	Karl VII. erobert Paris.
1439	Heeresreform Karls VII.
1440	Praguerie
	Karl VII. erobert die Île-de-France.
1442	Karl VII. erobert Toulouse.
1449/50	Karl VII. erobert die Normandie.
1452	Angriff auf die Guyenne
	Eroberung von Bordeaux
1453	Niederlage und Tod John Talbots bei Castillon

Auswahlbibliographie

Überblickswerke

Gute Begleiter auf dem Weg durch das westeuropäische Spätmittelalter sind die Bände 6 und 7 der *New Cambridge Medieval History*. Hier findet man auf das Wesentliche konzentrierte Artikel erster Sachkenner mit Quellen- und Literaturhinweisen. Für unser Thema besonders wichtig in Band 6 (Cambridge 2000) MARK ORMROD, *England: Edward II and Edward III* (S. 273–296), CAROLINE M. BARRON, *The reign of Richard II* (S. 297–333), MICHAEL JONES, *The last Capetians and early Valois kings, 1314–1364* (S. 388–421), FRANÇOISE AUTRAND, *France under Charles V and Charles VI* (S. 422–441); in Band 7 (Cambridge 1998) CHRISTOPHER ALLMAND, *War* (S. 161–174), MALCOLM VALE, *France at the end of the Hundred Years War, c. 1420–1461* (S. 392–407), BERTRAND SCHNERB, *Burgundy* (S. 431–456), EDWARD POWELL, *Lancastrian England* (S. 457–476). Die ausführlichste und neueste Gesamtdarstellung: JONATHAN SUMPTION, *The Hundred Years War*. (Bisher) Bd. 1: *Trial by Battle*. Bd. 2: *Trial by Fire*. London 1990/99. Eine Gesamtdarstellung in deutscher Sprache: JOACHIM EHLERS, *Geschichte Frankreichs im Mittelalter*. Darmstadt ²2009 (S. 206–349) über den Hundertjährigen Krieg).

Die Ursprünge des Krieges

MALCOLM VALE, *The Ancient Enemy. England, France and Europe from the Angevins to the Tudors*. London 2007. MALCOLM VALE, *The Origins of the Hundred Years War. The Angevin Legacy 1250–1340*. Oxford ²1996.

Armeen, Wehrverfassung, Kriegführung, Kriegstechnik

RICHARD BARBER, *The Life and Campaigns of the Black Prince*. Woodbridge 1986. J.-M. CAUCHIES (Hg.), *Art de guerre, technologie et tactique en Europe occidentale à la fin du moyen âge et à la Renaissance*. Basel 1986. PHILIPPE CONTAMINE, *Guerre, état et société à la fin du moyen âge. Etudes sur les armées des rois de France, 1337–1494.* Paris 1972. PHILIPPE CONTAMINE, *La guerre au Moyen Âge.* Paris ⁶2003. PHILIPPE CONTAMINE, *Structures militaires de la France et de l'Angleterre au milieu du XVe siècle,* in: Reinhard Schneider (Hg.), Das spätmittelalterliche Königtum im europäischen Vergleich. Sigmaringen 1987, S. 319–334. PHILIPPE CONTAMINE/C. GIRY-DELOISON/MAURICE KEEN (Hg.), *Guerre et société en France, en Angleterre et en Bourgogne, XIVe–XVe siècle.* Lille 1991. A. CURRY/M. HUGHES, *Arms, armies and fortifications in the Hundred Years War.* Woodbridge 1994. HANS DELBRÜCK, *Geschichte der Kriegskunst im Rahmen der politischen Geschichte,* Bd. 3, Berlin ²1923 (Neudruck Berlin 2000). KENNETH FOWLER, *Medieval Mercenaries,* Bd. 1: *The Great Companies.* Oxford 2001. MAURICE H. KEEN, *Nobles, knights and men-at-arms in the Middle Ages.* London 1996. MARILYN LIVINGSTONE/MORGEN WITZEL, *The Road to Crécy. The English Invasion of France, 1346.* Harlow 2005. G. MINOIS, *Du Guesclin.* Paris 1993. CLIFFORD J. ROGERS, *War cruel and sharp. English strategy under Edward III, 1327–1360.* Woodbridge 2000. MALCOLM VALE, *War and chivalry. Warfare and Aristocratic Culture in England, France and Burgundy at the End of the Middle Ages.* London 1981. K. R. DE VRIES, *Medieval military technology.* Peterborough, Ont. 1992.

Schlachten

ANDREW AYTON/SIR PHILIP PRESTON, *The Battle of Crécy, 1346. With additional contributions from Françoise Autrand, Christophe Piel, Michael Prestwich, Bertrand Schnerb.* Woodbridge 2005. ANNE CURRY, *The battle of Agincourt. Sources and interpretations.* Woodbridge 2000. ULRICH LEHNART, *Crécy 1346,* in: Festschrift Franz Irsigler. Trier 2001,167–196. C. PHILLPOTTS, *The French battle plan during the Agincourt campaign,* in: English Historical Review 99 (1984), S. 59–66.

Staat, Königtum, politische Theorie

CHRISTOPHER T. ALLMAND, *Henry V.* New Haven ²1997. FRANÇOISE AUTRAND, *Charles V le sage.* Paris 1994. FRANÇOISE AUTRAND, *Naissance d'un grand corps de l'État. Les gens du parlement de Paris, 1345–1454.* Paris 1981. RAYMOND CAZELLES, *Société politique, noblesse et couronne sous Jean le Bon et Charles V.* Genf 1982. HUGH E. L. COLLINS, *The Order of the Garter, 1348–1461. Chivalry and Politics in*

Late Medieval England. Oxford 2000. JOHN GILLINGHAM, *Crisis or Continuity ? The Structure of Royal Authority in England, 1396–1422*, in: Reinhard Schneider (Hg.), Das spätmittelalterliche Königtum im europäischen Vergleich. Sigmaringen 1987, S. 59–80. A. GOODMAN/ J. L. GILLESPIE, *Richard II*. London 1999. R. A. GRIFFITHS, *The reign of king Henry the sixth, 1422–1461*. London 1981. BERNARD GUENÉE, *La folie de Charles VI. Roi Bien-Aimé*. Paris 2004. M. H. KIMM, *Isabeau de Bavière, reine de France, 1370–1435. Beitrag zur Geschichte einer bayerischen Herzogstochter und des französischen Königshauses*. München 1969. J. L. KIRBY, *Henry IV of England*. London 1970. JACQUES KRYNEN, *Idéal du prince et pouvoir royal en France à la fin du Moyen Age, 1380–1440*. Paris 1981. GISELA NAEGLE, *Stadt, Recht und Krone. Französische Städte, Königtum und Parlement im späten Mittelalter*. Teilband 1: *Stadt und Krone im späten Mittelalter*. Teilband 2: *Fallstudien. Städtische Prozesse vor dem Parlement von Poitiers*. Husum 2002. MARK ORMROD, *The Reign of Edward III, 1327–1377*. London 1990. J. S. ROSKELL, *The Commons and their Speakers in English Parliaments, 1376–1523*. Manchester 1965. D. SCHNEIDER, *Der englische Hosenbandorden. Beiträge zur Entstehung und Entwicklung des «The most noble Order of the Garter» (1348–1702) mit einem Ausblick bis 1983*. 4 Bde. Bonn 1988. SIMONA SLANIČKA, *Krieg der Zeichen. Die visuelle Politik Johanns ohne Furcht und der armagnakisch-burgundische Bürgerkrieg*. Göttingen 2002. HEINZ THOMAS, *Jeanne d'Arc. Jungfrau und Tochter Gottes*. Berlin 2000. MALCOLM VALE, *Charles VII*. London 1974. RICHARD VAUGHAN, *Valois Burgundy*. London 1975. B. P. WOLFFE, *Henry VI*. London 1981.

Wirtschaft und Gesellschaft

ANDREW AYTON, *Knights and Warhorses: Military Service and the English Aristocracy under Edward III*. Woodbridge 1994. PHILIPPE CONTAMINE, *Guerre, État et société à la fin du moyen âge*. Paris ⁴2000. PHILIPPE CONTAMINE, *La noblesse au royaume de France de Philippe le Bel à Louis XII*. Paris 1997. BERNARD GUENÉE, *L'opinion publique à la fin du Moyen Age d'après la «Chronique de Charles VI» du Religieux de Saint-Denis*. Paris 2002. JOHN BELL HENNEMAN, *Royal Taxation in Fourteenth-Century France. The Development of War Financing, 1322–1356*. Princeton 1971. JOHN BELL HENNEMAN, *Royal Taxation in Fourteenth-Century France. The Captivity and Ransom of John II, 1356–1370*. Philadelphia 1976. MICHEL MOLLAT, *Jacques*

Cœur ou l'esprit d'entreprise au XVe siècle. Paris 1988. J. H. MUNRO, Wool, Cloth and Gold. The Struggle for Bullion in Anglo-Burgundian Trade, 1340–1478. Toronto 1973.

Nachleben

STEPHANIE HIMMEL, Von der «bonne Lorraine» zum globalen «magical girl». Die mediale Inszenierung des Jeanne d'Arc-Mythos in populären Erinnerungskulturen. Göttingen 2007. GERD KRUMEICH, Jeanne d'Arc in der Geschichte. Historiographie – Politik – Kultur. Sigmaringen 1989. JEAN-MARIE MOEGLIN, Les bourgeois de Calais. Essai sur un mythe historique. Paris 2002.

Bildnachweis

Karten:
S. 10, 24, 70: Peter Palm, Berlin
S. 113: Aus Joachim Ehlers, Die Kapetinger, 2000 W. Kohlhammer GmbH Stuttgart, Karte 1, S. 279

Abbildungen:
S. 16: akg-images/Jerôme da Cunha
S. 27: © National Portrait Gallery, London
S. 31: Aus Georges Duby, Fondements d'un nouvel humanisme. 1280–1440. Genf 1966, S. 146
S. 38: bpk/RMN/Hervé Lewandowski
S. 46: Westminster Abbey, London/Bridgeman
S. 64: Koninklijke Museum voor Schone Kunsten, Antwerpen. © Lukas – Art in Flanders VZW
S. 69: National Portrait Gallery/Bridgeman
S. 72: Aus Christopher Rothero, The Armies of Crécy and Poitiers, London 1981, S. 27
S. 82: akg-images/Erich Lessing
S. 92: akg-images

Personen- und Ortsregister

Abbeville 24
Amboise 32
Amiens 15, 53
Andreas, hl. 29
Andronikos II., Oströmischer Kaiser 62
Angers 93
Anna von Böhmen, Gemahlin → Richards II. 50, 60
Anna von Burgund, Gemahlin → Johanns von Bedford 78
Anton, Herzog von Brabant 71
Aristoteles 39 f., 48
Arques 100
Arras 55, 67, 93–96
Arthur, Graf von Richemont 78–80, 84, 91, 94–96
Artus 28
Arundel 93
Aubriot, Hugues 39
Augustinus 40, 48, 105
Auxerre 78
Auxonne 61
Avignon 11, 30, 41
Azincourt 68, 71, 81, 101, 108

Ball, John 52
Bannockburn 44
Basel 94
Baudricourt, Robert de 84 f.
Baugé 77
Bayeux 100
Bayonne 44, 47
Beaufort, Henry 91, 94, 97
Beauvais 34, 39, 91, 94
Bedford → Johann, Herzog von B.
Bernhard, Graf von Armagnac 66, 71, 73
Blaye 101

Bolingbroke → Heinrich IV.
Bologna 43, 75
Bonifaz VIII., Papst 40
Bordeaux 8, 32 f., 43, 47, 50, 66, 98, 101 f.
Bouillé, Guillaume 100
Bourges 66, 73, 79 f., 83 f., 96
Brest 20, 47, 50
Brétigny 36 f., 39, 67
Brignais 41
Brügge 17 f., 29, 44, 54 f.

Caboche → Simon le Coustelier
Caen 23, 93, 100
Calais 26, 36 f., 42, 44, 47, 50, 55, 57, 60, 68, 71, 81, 96, 98, 102
Cale, Guillaume 35
Cambridge 94
Canterbury 26, 71
Carcassonne 32
Carentan 23
Castillon 102
Cauchon, Pierre 89 f., 94
Chandos, John 32
Chartier, Alain 87
Chartres 32, 36, 39, 81
Chastellain, Georges 78
Cherbourg 47, 50, 66, 100
Chinon 85
Chlodwig I., Frankenkönig 88
Christine de Pisan 40, 87
Clemens VII., Papst 54 f.
Clermont-en-Beauvaisis 35, 66
Clisson, Olivier de 43, 56 f.
Cocherel 41
Compiègne 34, 63, 73, 89
Coutances 100
Cravant 78

Crécy-en-Ponthieu 24–26, 28 f., 32, 42, 62, 71, 101, 108

Dax 44
Den Haag 29
Derby 50
Despenser, Henry 55
Dijon 61
Dol 19
Dôle 93
Domrémy 84
Dormans, Guillaume de 39
Dormans, Jean de 39
Dover 101
Du Guesclin, Bertrand 40, 42–44, 47, 56
Durham 56

Edinburgh 56
Edmund Beaufort, Herzog von Somerset 99
Edmund, Graf von Cambridge, Herzog von York 42, 50
Eduard, Prinz von Wales (der «Schwarze Prinz») 23 f., 32 f., 43–45, 50
Eduard, Herzog von Bar 71
Eduard II., König von England 44
Eduard III., König von England 14 f., 17–28, 30, 35–37, 42–45, 49 f., 68, 101
Eleonore, Gemahlin → Heinrichs II. 8
Elisabeth von Bayern-Ingolstadt, Gemahlin → Karls VI. 56 f., 61, 71, 73 f., 78
Esplechin 18
Eton 94
Eu 28
Évreux 47, 100

Fastolf, Sir John 87
Florenz 22, 51, 57
Formigny 100
Froissart, Jean 19, 43

Gent 17 f., 21, 53 f., 74
Georg, hl. 28
Genua 24, 57
Gerson, Jean 63
Gien 66
Gottfried «Plantagenêt», Graf von Anjou, Herzog der Normandie 8
Gottfried von Harcourt 23
Granville 100
Guînes 42, 44, 98

Harfleur 56, 68
Hastings 8
Heinrich von Trastámara 42
Heinrich I., König von England 8
Heinrich II., König von England 8, 67
Heinrich III., König von England 8 f.
Heinrich IV., König von England 50, 60–62, 66 f., 74
Heinrich V., König von England 67 f., 71, 73–75, 77, 89, 106
Heinrich VI., König von England 77, 80 f., 83, 86, 88 f., 91, 94–96, 98–102
Hennebont 20
Heraklit 105
Hesdin 68
Hugo von Lusignan 94
Humphrey, Herzog von Gloucester 68, 77, 95, 96

Innozenz VI., Papst 41
Isabeau de Bavière → Elisabeth von Bayern-Ingolstadt
Isabella von Bretagne, Gemahlin → Ludwigs III. von Anjou 79 f.
Isabella von Frankreich, Gemahlin → Eduards II. 14 f.
Isabella von Frankreich, Gemahlin → Richards II. 60 f.

Jacques de Bourbon, Graf von La Marche 41
Jason 29

Personen- und Ortsregister

Jean de Vienne 56
Jeanne d'Arc 84–91, 100, 107
Johann, Herzog von Bedford 68, 77–79, 81, 83 f., 86 f., 89–91, 93, 107
Johann, Herzog von Berry 48 f., 53, 65 f., 68
Johann, Herzog von Bourbon 71
Johann Ohnefurcht, Herzog von Burgund 62 f., 65–68, 71, 73–75, 79 f., 83, 95 f., 106
Johann von Gent, Herzog von Lancaster 30, 45, 50, 52, 56, 58, 60
Johann, Graf (seit 1414 Herzog) von Alençon 66, 71, 87 f., 94, 96 f.
Johann, Graf von Dunois 83, 87, 93, 99–101
Johann, Graf von Montfort 19 f., 47
Johann von Mauquenchy 43
Johann von Vienne 43
Johann I., Graf von Armagnac 43
Johann II., König von Frankreich 20, 29 f., 32–37, 39, 59
Johann III., Herzog von Bretagne 18, 50
Johann IV., Herzog von Bretagne 56
Johann VI., Herzog von Bretagne 66, 78, 80 f., 94, 96 f.
Johanna, Gemahlin → Philipps von Évreux 13, 15, 30
Johanna von Flandern, Gemahlin → Johanns von Montfort 19 f.
Johanna von Kent, Gemahlin → Eduards, Prinz von Wales 45, 50, 52
Johanna von Penthièvre, Gemahlin → Karls von Blois 19
John Talbot, Graf von Shrewsbury 86 f., 96, 98, 100, 102
Jouvenel des Ursins, Jean 94, 101
Justinian, Oströmischer Kaiser 39

Karl der Große 53
Karl, Herzog von Bourbon 94, 96 f.
Karl, Herzog von Lothringen 85
Karl, Herzog von Orléans 66, 71, 94
Karl, Graf von Alençon 25
Karl, Graf von Blois 19 f.
Karl, Graf von Valois 14
Karl von Albret 71, 102
Karl von Anjou, Graf von Maine 96
Karl II., König von Navarra 15, 30, 33, 35, 37, 41, 47
Karl IV., Römischer Kaiser 34, 50, 57, 59
Karl IV., König von Frankreich 13, 15
Karl V., König von Frankreich 33–36, 39–43, 47 f., 50, 57, 59
Karl VI., König von Frankreich 48 f., 53, 55–57, 60 f., 65–68, 71, 73–75, 77 f., 106
Karl VII., König von Frankreich 73–75, 77–81, 83–91, 93–102, 106
Katharina, hl. 84
Katharina von Frankreich, Gemahlin → Heinrichs V. 67 f., 75, 106
Kemp, John 94
Knolles, Robert 44, 52
Konstanz 89
Kortrijk 54

La Rochelle 43 f.
La Tremoille, Georges de 80, 87 f., 91
Langres 59
Le Mans 83
Leicester 68
Léon 19
Libourne 101
Lille 91
Lionel, Sohn → Eduards III. 45
Lisieux 23, 94, 99 f.
Löwen 93
London 11, 22, 33, 35, 39, 56, 101
Louviers 23
Ludwig, Herzog von Bourbon 48, 66

Ludwig, Herzog von Orléans
  57–59, 61, 63, 65 f., 74, 79, 83,
  96, 106
Ludwig von Male, Graf von
  Flandern 42, 54 f.
Ludwig von Sancerre 43
Ludwig I., Herzog von Anjou 37,
  48 f.
Ludwig II., Herzog von Anjou 65,
  79
Ludwig III., Herzog von Anjou 79
Ludwig VII., König von Frankreich
  8
Ludwig IX., König von Frankreich
  8
Ludwig X., König von Frankreich
  13–15, 30
Ludwig XI., König von Frankreich
  97
Lyon 41, 53, 59, 73

Mailand 57
Malestroit 20 f.
Mantes 30
Marcel, Étienne 32–35
Margaretha, hl. 84
Margarethe von Artois 59
Margarethe von Burgund, Gemahlin
  → Arthurs von Richemont 78
Margarethe von Flandern 42
Maria von Anjou, Gemahlin
  → Karls VII. 79, 96
Mathilde, Gemahlin → Gottfrieds
  «Plantagenêt» 8
Mathilde, Gemahlin → (1) Philipps
  de Rouvre, (2) Philipps des
  Kühnen 59
Maupertuis 29, 32, 37, 68, 71,
  108
Meaux 73
Metz 34
Mézières, Philippe de 40
Michael, Erzengel 84
Mont St-Michel 83
Montargis 83
Montereau 74

Montivilliers 100
Montpellier 43

Namur 81
Nancy 85
Nantes 19 f.
Narbonne 32
Neapel 49, 94
Nevers 59, 61, 94
Niccolò d'Albergati 94
Northampton 24
Norwich 55
Noyon 44, 91, 100

Oresme, Nicolas 40
Orléans 39, 53, 66, 73, 84, 86–89,
  96 f.
Oxford 52

Paris 8 f., 13, 20, 23, 32–36, 39,
  43 f., 47, 49, 53–55, 62 f., 65–67,
  71, 73–75, 77, 81, 83, 86–89, 91,
  93–96, 100
Patay 87 f.
Peter I., König von Kastilien 42,
  56
Petit, Jean 65
Petrus, hl. 54
Philipp de Rouvre, Herzog von
  Burgund 36 f., 59
Philipp der Gute, Herzog von
  Burgund 29, 63, 74 f., 78–81, 84,
  88 f., 91, 93–97, 106 f.
Philipp der Kühne, Herzog von
  Burgund 32, 37, 42, 47–49,
  53–63
Philipp, Graf von Évreux 14 f.
Philipp, Graf von Nevers 71
Philipp II., König von Frankreich 8,
  67
Philipp III., König von Frankreich
  14
Philipp IV., König von Frankreich
  11, 13 f., 40
Philipp V., König von Frankreich
  13, 15

Philipp VI., König von Frankreich
  14 f., 17–20, 23, 25 f., 29
Poissy 23
Poitiers 32, 73, 86, 93, 96, 101
Ponthieu 42
Pontoise 73 f.
Portsmouth 23, 32
Presles, Raoul de 40

Quimper 19

Regnault de Chartres 94
Reims 13, 36, 39, 44, 48, 53, 84,
  87 f., 91
René von Anjou, Herzog von
  Lothringen und von Anjou 79,
  85, 97, 100
Rennes 19
Rethel 59, 61
Richard II., König von England 45,
  48, 50, 52, 55, 57, 60 f., 74, 106
Rivière, Bureau de la 40, 48
Rodin, Auguste 26
Roosebeke 54 f.
Rouen 53–55, 73, 89 f., 100

St-Brieuc 19
St-Denis 53, 93
St-Émilion 101
St-Lô 23, 100
St-Malo 19
St-Sever 44
St-Vaast-la-Hougue 23
Scales, Lord Thomas 86
Séez 100
Sens 91
Sigismund, Römischer Kaiser 71,
  93
Simon le Coustelier («Caboche»)
  66
Sluys 18
Soissons 73
Southampton 45
Suffolk → Wilhelm, Graf von S.

Talbot → John T.
Tancarville 100
Thérouanne 91
Thomas von Aquin 105
Thomas, Herzog von Clarence 66,
  68, 77
Thomas, Graf von Buckingham,
  Herzog von Gloucester 47, 50
Thomas von Montagu, Graf von
  Salisbury 84
Toulouse 43, 98
Tournai 18
Tours 93, 98 f.
Tréguier 19
Troyes 44, 71, 73–78, 106
Tyler, Wat 51

Urban V., Papst 42
Urban VI., Papst 54 f.

Valognes 23
Vannes 19 f.
Vaucouleurs 84 f.
Verneuil-sur-Avre 78, 83
Vincennes 77
Visconti, Valentina, Gemahlin
  → Ludwigs von Orléans 57

Warwick 24, 83
Wenzel, König von Böhmen 50
Westminster 22, 43, 48, 55, 88
Wilhelm, Graf (seit 1448 Herzog)
  von Suffolk 83, 86 f., 94, 98, 101
Wilhelm I., König von England,
  Herzog der Normandie 8
Winchester 94
Windsor 28
Wyclif, John 52

Yolande von Aragón, Gemahlin
  → Ludwigs II. von Anjou 79 f.,
  85, 93, 96
York 94
Ypern 17, 55

C.H.BECK ■ WISSEN
in der Beck'schen Reihe

Zuletzt erschienen:

- 2218: Schmid, **Mozarts Opern**
- 2219: Brügge, **Jean Sibelius. Symphonien und symphonische Dichtungen**
- 2451: Hochgeschwender, **Der amerikanische Bürgerkrieg**
- 2457: Moosbauer, **Die Varusschlacht**
- 2458: Körner, **Die Wittelsbacher**
- 2459: Zwickel, **Das Heilige Land**
- 2460: Markowitsch, **Das Gedächtnis**
- 2461: Alter, **Die Windsors**
- 2462: Burkhardt, **Deutsche Geschichte der Frühen Neuzeit**
- 2463: Gerhard, **Frauenbewegung und Feminismus**
- 2464: Trabant, **Sprache**
- 2465: Hedderich, **Burnout**
- 2466: Maier, **Die Druiden**
- 2467: Meyer-Zwiffelhoffer, **Imperium Romanum**
- 2468: Werner-Jensen, **Joseph Haydn**
- 2469: Strohm, **Johannes Calvin**
- 2470: Möllers, **Das Grundgesetz**
- 2472: Sarnowsky, **Die Templer**
- 2473: Anz, **Franz Kafka**
- 2474: Edler, **Robert Schumann**
- 2475: Ehlers, **Der Hundertjährige Krieg**
- 2476: Kolb, **Bismarck**
- 2477: Mai, **Die Weimarer Republik**
- 2478: Nußberger, **Das Völkerrecht**
- 2479: von der Oelsnitz, **Management**
- 2480: Roelcke, **Geschichte der deutschen Sprache**
- 2503: Schwarz, **Giotto**
- 2505: Zöllner, **Botticelli**
- 2554: Reudenbach, **Die Kunst des Mittelalters I: 800 bis 1200**
- 2555: Niehr, **Die Kunst des Mittelalters II: 1200 bis 1500**
- 2560: Schneede, **Die Kunst der Klassischen Moderne**
- 2561: Ursprung, **Die Kunst der Gegenwart**
- 2571: Brinker, **Die chinesische Kunst**
- 2604: Hahn, **Geschichte Brandenburgs**
- 2609: Hauptmeyer, **Geschichte Niedersachsens**
- 2610: Nonn, **Geschichte Nordrhein-Westfalens**
- 2612: Behringer/Clemens, **Geschichte des Saarlandes**